危机公关实战手册

楚学友 ◎著

每一次危机公关的发生都是有迹可循的，所有的危机都是潜伏的问题演变成风险的结果。危机管理的关键是把风险化解为问题，并予以解决。本书作者结合自身近 20 年品牌公关从业经历，沉淀出一套危机管理实战方法论，从危机的全生命周期管理、危机响应、危机战备、危机修复到危机管理评估，帮助读者化解每一次危机。没有公司是完美的。每一位担心负面消息会影响公司和品牌声誉的人都需要这样一本危机公关实战手册，帮助你和你的团队系统管理、从容应对。

图书在版编目（CIP）数据

危机公关实战手册 / 楚学友著 . -- 北京：机械工业出版社，2024.7. --ISBN 978-7-111-76193-8

Ⅰ．C912.3-62

中国国家版本馆 CIP 数据核字第 2024EG3478 号

机械工业出版社（北京市百万庄大街 22 号　邮政编码 100037）

策划编辑：秦　诗　　　　　责任编辑：秦　诗　牛汉原
责任校对：贾海霞　李小宝　　责任印制：张　博
北京联兴盛业印刷股份有限公司印制
2024 年 9 月第 1 版第 1 次印刷
147mm×210mm・10 印张・1 插页・230 千字
标准书号：ISBN 978-7-111-76193-8
定价：69.00 元

电话服务　　　　　　　　　　网络服务
客服电话：010-88361066　　　机　工　官　网：www.cmpbook.com
　　　　　010-88379833　　　机　工　官　博：weibo.com/cmp1952
　　　　　010-68326294　　　金　书　网：www.golden-book.com
封底无防伪标均为盗版　　机工教育服务网：www.cmpedu.com

赞誉

公关人在企业里是一个特殊的群体。他们的工作成绩往往不容易被看到，自身却承受着巨大的压力。企业公关承载着企业的品牌和声誉，有时甚至关乎着企业的生死存亡。这本书将帮助从业者更好地赢得尊重和晋升。

◎ 邓庆旭 / 新浪财经CEO

一口气读完楚学友的新著《危机公关实战手册》，这确实是一本实战手册。这本书中不仅有实战案例，还有系统的认知清单和行动清单，为企业经营者和公关从业人员提供了作业指南。我诚挚地向读者推荐此书，也祝愿友声誉的品牌咨询事业兴旺发达！

◎ 华杉 / 上海华与华营销咨询有限公司董事长

| 推荐序一 |

在各种"论"和"学"泛滥的时代,这本书的作者以"手册"作为书名,不仅谦虚、严谨,还特别务实。在危机管理领域,自封的大师不少,自负的编著也可以塞满整个书架,而敢把自己的书称为"手册"的,少之又少。实践是检验真理的唯一标准,敢把自己写的书推荐给大家作为手册,常备身边、随时查用,就必须是禁得起很多实践测试和考验的。

这本书的作者在中国传媒大学获得了扎实的基础训练,在充满创新且活跃的媒体尤其是财经新闻部门获得了实践的锤炼。之后,他又在多家企业的营销、广告、公共事务等岗位深度参与、深度体验、深度思考、深度创新,并经受了十分严苛的考验。

写这样一本书,是作者的一种情怀。尽管我们强调,今天的公共关系特别是危机管理,无论是理论还是实践都必须经得起检验,但不等于每家企业、每个高管、每位专家都要把自己的经历与经验和盘托出。作者能够把多年的宝贵经验如此深入、细致、全面地分享,足见他对同行的无私和友善,以及他促进公众、媒体、企业、企业家和社会组织等保持彼此最大理解和良性互动的愿望与期待。

有人说公共关系是艺术，危机管理也是艺术，我认为它们其实更是技术。艺术有时候有很大的主观性和偶然性，而技术强调的是从始至终的理性。根据我的观察，对于公共关系与危机管理而言，它们背后有学理，运行有规律，细微之处可见工匠精神，整个过程则更考验一家企业及其企业家对用户的负责程度、对公众的担当，以及对舆论的敬畏。这本书让我看到了一些艺术，也看到了更多的技术，我对作者理性梳理、理性分析、理性归纳的态度表示赞赏，作者所服务的领域会因为其理性、客观的态度而获得更多的赞赏与尊重。

目前，世界正在发生巨变。放眼未来，人工智能会重塑我们所在的世界。世界运转的速度正快到前所未有，互联网上的发声来源不再被大企业的排他性所控制。"弱传播"的现象告诉我们，大企业如果坚持用旧方法、旧理念、旧钥匙，恃大恃强，则无法开启今天的"新锁"，更走不到未来。作者对新环境下的最新挑战有独特的梳理、描述、分析，一些新的游戏规则其实也适合很多老"公关人"学习和借鉴。

董关鹏

中国公共关系协会副会长

中国高等教育学会公共关系教育专业委员会理事长

中国传媒大学国家公共关系与战略传播研究院院长、教授

| 推荐序二 |

危机公关,这是一个既熟悉又陌生的词,熟悉是因为这些年我经历过一些相关事件,陌生是因为危机公关并不是我擅长的领域,每每遇到一些情况都需要请高人来提供帮助。学友就是这一领域的高人,我们一起共事过几年,西贝获益颇多。

做餐饮就是要服务好每一位来消费的顾客,要重视每一位顾客的意见,用心聆听每一位顾客的声音,诚心诚意地和顾客沟通。只开一家店的时候,我可以和每位顾客面对面地交流,顾客是怎么想的、有什么需要,以及怎么看待我这家店,我们都可以很直接地沟通。开的店多了,我还可以通过与一部分顾客交流来推想大家的意见和看法。店再多一些,在餐饮市场小有名气了,我们也希望被更多人关注和了解,所以不只是来店里消费的顾客,我们还要重视所有知道和提及西贝的声音和看法。

如果一切顺利,那么从顾客的声音里获得的都是赞誉。但是随着市场环境的变化、组织的动态发展,总会有意料之外的事情,这些事情里有一部分会演变为舆论危机,让顾客对西贝这一品牌产生疑虑甚至不信任，这是我们绝对不想发生的事。

虽然不想，但总会遇到，我们就必须直面并坦诚沟通，认真反省，改正自己，寻求进步。但只有态度仍旧是不够的，还需要有专业能力帮助我们正确地行动，这样才能有更好的结果，将"危"转为"机"，做得好时甚至能让品牌形象再次提升。餐饮同行里不乏高手，他们的背后或者团队里也一定都有像学友这样的专业人士。

危机公关对于企业来说就像生病治疗，既需要开对方子，也需要病人积极配合治疗。学友的这本书就像一本企业危机公关的诊疗手册，既可以学习应对，也可以参照防范。不过舆论危机总是会令人颇感压力，不发生才是上上策。

总之，这本书是学友多年的实战总结和专业积累，值得一读，我很推荐。同时祝各位读者万事顺遂、基业长青，不被舆论危机所困扰。

贾国龙

西贝餐饮集团董事长

| 推荐序三 |

祝贺学友的第一本书——《危机公关实战手册》出版。

在学友邀请我撰写推荐序时，我不免有些失礼，因为在微信里我仅仅询问了截稿期限，而没有适时表达我的祝福。现在想来，即使发出几个点赞的表情符号，也是好的。在阅读完预览版并准备动笔之时，我再次复盘了那一刻的思维逻辑，意识到我之所以有那样的反应，是因为我早已认定学友理应出书——一本如此精彩的书。

学友在媒体公关领域已有 20 年的专业经验，特别是他在几家著名餐饮企业的职业生涯，让他积累了大量的一线实战经验。这 20 年间，中国的媒体公关行业有了翻天覆地的变化，从传统的报纸、电视、广播到互联网门户，再到微博，乃至当下的短视频。人们获取信息的渠道越来越多样化和碎片化，信息的传播方式变得更为多元和迅速。对于一名公关从业者而言，这样的变化是一种极大的挑战，虽然夜不能寐略显浮夸，但每时每刻都要提心吊胆，这几乎成了职业常态。学友不仅是这个时代变革的见证者，更是亲历者，他获得的荣誉和受过的伤，都是他写这本书的背景。

这本书的书名简洁直白，直接点明了主题。在这本书中，学友不仅对自己的工作经历和工作经验进行了梳理，还总结了公关行业的工作方法论，具有很强的实用性和可读性。

我相信，这本书的问世，将为中国众多焦虑的公关从业者提供一剂良方。虽不能保证他们能被完全治愈，但至少能在一定程度上缓解他们的焦虑。它或许无法阻止危机的发生，但至少能够帮助大家在危机降临时，运用书中的策略和智慧，妥善应对，从而将危机转化为机遇。

最后，我再次表达对学友的衷心祝贺，愿这本书能够成为公关领域的一本经典之作，为行业带来深远的影响。

王洪涛
中国连锁经营协会常务副会长兼秘书长

| 前 言 |

本书是写给谁的

不管你是初入职场的新人,还是有10年经验的资深人士,只要你需要"处理"危机,就能从本书中获益。特别是以下人士:

- 以首席执行官(CEO)、首席运营官(COO)、首席营销官(CMO)、首席财务官(CFO)等为首的企业高管。
- 创业者。
- 在职业生涯中处理组织和企业危机的职业经理人。
- 创业公司的市场、品牌、公关领导。
- 资本投后管理团队。
- 品牌公关的乙方公司。
- 公关公司的创始人和管理团队。

你为什么需要读本书

难道一定要等丢掉工作、公司关门才来学吗?每个企业家和职业经理人，都是危机幸存者。小到个人，大到企业，都会遭遇危机。如果暂时还没有遭遇危机，那只能说明危机在路上。

当危机来临，所有人的目光都转向你的时候，本书的内容能够让你更专业、更有尊严和价值。这是本书的目标。

我经常听到以下说法：

- 我们公司不会有危机，那是别人家的故事。
- 我们是小公司，媒体不会紧抓不放。大公司才有解决危机的需求，像腾讯、美团等。
- 危机来势汹汹，一两个小时就能冲上热搜。我们做这些准备，来得及吗？有必要吗？

几乎所有曾经遭受过重大危机的公司，心态都一模一样。当黑天鹅出现时，所有人都手足无措，未出手就败局已定。对于灰犀牛的风险，人们又往往熟视无睹，没有看到风险转化为危机的关键节点，没有采取预防性措施，因此惨败在所难免。

任何一家组织或公司，只要担心意料之外的负面消息会影响公司声誉，就需要学习危机公关这门课。危机不在于公司的规模大小，它只"欺负"没准备好的公司。

更重要的是，你准备好了吗？

伴随着公司和组织危机而来的，往往是职业经理人的个人品牌和职业生涯危机。在危机修复阶段，代办清单上有一项内容，就是裁掉不称职的高管或员工。创业者会从万众瞩目变得灰头土脸甚至一蹶不振。

本书会帮助你在关键时刻做好准备。

本书如何帮助你

- 实现目标：危机来了，心中不慌，应对有序，赢得尊重和晋升。
- 经历过程：从 0 到 1，手把手教你如何在企业内部建立一套危机管理的系统。
- 回答问题：危机来临时，你需要做什么？先后顺序是什么？有哪些注意事项？
- 理解概念：危机爆发是组织管理失控和价值观滑坡的必然结果。
- 提高技能：如何写危机声明，如何安抚受害者，如何面对媒体的追问，如何提升危机中的领导力。
- 提供工具：24 个认知清单、38 个行动清单，为你描绘了一张危机处理路线图。
- 解决恐惧：例如声誉受损、股价下跌、被骂上热搜、销量锐减、受到监管处罚、丢掉工作、产生职业生涯污点、创业失败等，本书可以帮助你摆脱上述恐惧。
- 激发变化：管理者不再要求删帖；不再花钱雇用"水军"；同意购买舆情监测应用；组织开始向内部找问题；解决系统性问题和组织问题；重新审视价值观。
- 改变观点：危机就是依赖资源和人脉，专业不是那么重要。本书助你改变这种错误观点。
- 改善状态：管理者不焦虑；公关团队有系统、工具、流程；员工干活不累，主要是心不累。

如果你是一位企业家、创业者或企业高管，正在准备处理棘手的危机问题，本书将帮助你建立危机应对和处理的策略、原则、组织架构以及所有一切重要事项。

读完本书，你可以解决以下问题

- 如何让公司在危机来袭后活下来？
- 如何在组织内创建危机管理体系？
- 什么是称职的危机公关团队？
- 危机到来时需要做的最重要的事情是什么？
- 应该为应对危机准备多少资源和预算？
- 如何在危机处理中最小化风险和损失？
- 如何消灭掉 99% 的可能爆发的危机？
- 如何在组织内传递和践行危机的价值观，让每一个人都承担起责任？
- 如何写好一篇危机处理声明？
- 如何在对外回应时能够考虑到所有可能的攻击和风险？
- 如何决定是保持沉默，还是果断发声？
- 如何在危机中坚持自己的战略传播主线，而不掉进别人设定的叙事结构里？
- 如何判断危机是竞争对手引发的，还是媒体攻击造成的？
- 如何在危机后修复组织的声誉？
- 如何在行业危机中做到毫发无伤、全身而退？
- 如何在危机处理后得到晋升？
- 如何进行危机战备规划和训练？
- 如何在危机中说服管理者，获得他对你后续工作的信任和支持？

我如何写作本书

本书是写给我自己的。工作以来，我一直在找一本危机公关的实践操作书,可惜我没有找到。

现有的著作,或者来自学术界,侧重理论;或者源于经验,不成框架体系;或者择一点深入,均衡不足,多有缺失;或者限于角色,隔靴搔痒,不及痛处;或者聚焦于是什么、为什么、该如何,对于如何做、步骤分解、操作指引付之阙如;或者为舶来品,生吞活剥、难以下咽。

于是,我决定自己写一本书。

本书的每一个认知清单和行动清单,都是用我的职业判断、理论习得和实战经验写成的。我只写我做过的事,不写我不懂和没做过的事。我掉进去的坑,给你看看,免得你也掉进去。我淌过的河,你从桥上走就行了。

一个人的经验可能不足以成为充分理论依据的样本,但是我的个人经验是观点的真实性的背书。

本书的起点,不是理论,而是实践。在写作的后期,我只将理论体系中那些更好的模型和表达纳入本书。长时间沉淀在我头脑中、流淌在我的决策和行动中的那些东西,才是可以接受的。

我给出了 24 个认知清单和 38 个行动清单,即清单式索引的行动指南。我用实战中的经验来写危机,我以我所有的经验和教训来写本书,所以我的想法和自己的经历是分不开的。

危机管理中有三个重要角色:企业负责危机公关的高管、媒体人和政府监管机构的工作人员。恰好,从业近 20 年以来,我涉足过不同的领域,这三个重要角色我都担任过。

本书中的危机管理实战经验,来自我作为记者和纪录片导演

（凤凰卫视、中央电视台，2005—2009 年）、参与国家级重特大灾难事故处理的政府工作人员（原国家安全生产监督管理总局[⊖]，2009—2010 年）、企业品牌公关副总裁和首席营销官（西贝餐饮、锅圈食汇、呷哺呷哺、北京同仁堂，2011—2022 年）的积累和实践。

作为品牌战略传播顾问，我为万豪国际、滴滴出行、北大方正、美团、建银国际、万科等组织的数千名高管和员工进行过危机管理和沟通培训。

作为自媒体人，我在全网拥有 120 万名粉丝，受聘为微博微热点研究院专家。我也是领英全球影响力人物——中国 2019/2020 领英年度行家。

我备战央视"3·15"晚会 15 年，亲自处理了 4 起"3·15"级别的危机、18 起上亿级热搜危机。当然，我也有不少职业生涯中的败绩和败笔，也遭遇过热搜级的网络暴力。这些难得的经验教训，在本书中我也有所体现。

以上这些经验和历练，构成了本书的基本框架和方法论。2023 年，我创立友声誉®品牌咨询，专注品牌声誉管理和危机公关的咨询业务。

本书的特点

1. 有用

本书来源于实践总结，直接给出操作步骤、行动要点、方法论和工具，手把手地教大家处理危机。这是全书的写作指引，也是

[⊖] 2018 年改名为中华人民共和国应急管理部。

二级结构的组织方式。38个行动清单构成了一张危机处理路线图。

2. 有态度

本书倡导从受害者个体的视角看待危机，以人为本，积极对话。既关注事件的处理和行动过程，也关注在危机中饱受伤害和焦虑的人；既关注事实和真相、理性和效率，也关注人的情绪，推崇善意、温情和同理心。相信并践行坦诚、真实、有错就改的价值观，倡导"三观正"的危机公关终极理念。

3. 有赋能

我本人是国际教练联合会（ICF）认证的高管教练和企业家。我的客户有世界500强企业的中国区CEO、千亿级互联网公司的高管，客户多为公司规模在8000万元到18亿元的创业者和企业家。

我会把教练式的启发、提问方法放入清单，让大家不只学到了知识和经验，更重要的是学到了如何行动和实践。

建议你读到这些地方，停下来认真思考这些问题，试着回答这些问题，并且选择是否要去开展行动。

真正开展这些行动，推动自我专业能力和领导力的提升，推动组织在危机管理方面的进化，才是本书对你和公司最大的价值。

我从0到1创建过1~50人的品牌公关团队，作为企业高管，我深刻地了解在组织中处理危机需要具备四维领导力（向上管理、向下管理、横向管理和外部管理），需要情境领导、变态管理和混沌领导力。这些都会在本书中体现出来，让你能够从底层操作系统上升到心智系统，淬炼你的领导力。

如果你希望更快捷高效地提升自我，推动组织变革，可以发邮件咨询合作：

危机管理教练（针对个人）CrisisCoaching@youshengyu.com。

危机管理咨询顾问（针对企业）CrisisConsulting@youshengyu.com。

| 目录 |

赞誉

推荐序一

推荐序二

推荐序三

前言

总论　危机管理到底管什么　/001

　　认知清单1：危机管理三阶段：响应、战备和修复　/002

　　认知清单2：危机管理的五个对象：问题、风险、
　　　　　　　议题、危机和声誉　/004

第一部分　危机响应　/013

第1章　危机来了怎么办：CRISIS · Response©
　　　6步骤指引　/014

第2章　C：明确事实，启动预案　/018

　　行动清单1：启动响应　/018

　　行动清单2：核对事实　/025

　　行动清单3：预判危机类型、诱因和发起人　/032

　　认知清单3：没有社交媒体危机：库姆斯的类危机　/037

　　行动清单4：召开预判沟通会　/040

第3章　R：评估影响，预判风险　/046

　　认知清单4：关怀人是危机管理的核心　/046

　　行动清单5：善待受害者：如何应对情绪激烈的受害者　/054

　　行动清单6：经营影响（BIR）分析模型　/060

　　行动清单7：利益相关者影响（SIR）分析模型　/066

　　认知清单5：不是所有的"意外"都是危机　/072

第4章　I：决策并形成策略和行动　/077

　　认知清单6：决策情境：安德斯雷的情境感知模型　/077

　　认知清单7：决策迷思：抛弃完美，整合敏捷　/084

　　行动清单8：梳理期待：利益相关者想要什么　/091

　　行动清单9：实施决策：PrOACT积极行动模型　/102

第5章　S：共情和可靠的沟通　/111

　　认知清单8：危机沟通第一性原理：胡百精的事实－价值
　　　　　　　模型　/111

　　认知清单9：别讲道理，讲故事：罗伯特·麦基的故事
　　　　　　　模型　/113

　　认知清单10：讲故事的人：马克和皮尔森的品牌原型　/116

认知清单 11：框架理论：别想大象 /118

行动清单 10：讲个故事：危机沟通的幸存模型 /120

认知清单 12：保持沉默：流量生态中的战略定力 /128

行动清单 11：不回应："让子弹飞一会儿"的
战略性沉默 /135

第6章 I：持续改善 /141

认知清单 13：消除摩擦：克劳塞维茨的战争行动真相 /141

认知清单 14：划定边界：把真问题还给业务部门 /143

认知清单 15：控制蔓延：次生危机、集群危机与
红酒塔效应 /146

行动清单 12：聚焦主业：保持经营连续性 /148

行动清单 13：资源保障：粮草充足 /149

第7章 S：危机的结束与消散 /156

认知清单 16：终局推演：危机的 5 种结果 /156

认知清单 17：复苏判断：乍暖还寒时 /159

行动清单 14：论持久战：管理长衰危机 /162

行动清单 15：关照员工：3C 模型和 5R 模型 /165

行动清单 16：行动汇总：爆炸点、冲击波和争议点 /174

第二部分　危机战备 /181

第8章　管理明天的危机从一年前开始：A.C.T.·Ready© 3步骤指引 /182

认知清单 18：危机战备：A.C.T. 行动模型 /182

第9章 A：评估企业文化、情境和利益相关者 /187

认知清单 19：文化诊断：如何让 CEO 重视危机战备 /187

行动清单 17：情境规划：凝视未来 /190

第10章 C：创建危机管理架构、项目和行动计划 /198

认知清单 20：项目规划：不是计划 /198

行动清单 18：设计管理模式 /199

行动清单 19：创建战备手册 /205

行动清单 20：创建沟通手册 /215

第11章 T：实施危机演练与训战 /219

认知清单 21：战备更新：让管理行为流动起来 /219

行动清单 21：训战：养兵千日，用兵千日 /222

行动清单 22：会议室演练：让高管成为领导者和英雄 /225

第三部分 危机修复 /231

第12章 修复声誉和重建信任：3R·Recover© 3步骤指引 /232

第13章 R1：推动业绩反弹和组织反脆弱性变革 /234

行动清单 23：恢复经营 /234

行动清单 24：推动业绩反弹：温和激进策略 /238

行动清单 25：优化组织：出清结构性缺陷 /239

行动清单 26：调整运营：如何调整反馈系统 /241

第14章 R2：重建信任、修复声誉：STRONG模型 /245

认知清单 22：声誉修复：STRONG 模型 /245

行动清单 27：Story：重讲新故事 /247

行动清单 28：Trigger：避免危机死灰复燃 /249

行动清单 29：Rectify：校正在线声誉 /250

行动清单 30：Offset：弥补认知鸿沟与价值观损失 /258

行动清单 31：Nerve：重振群体精神和团队士气 /258

行动清单 32：Goodwill：释放善意，减少敌意 /260

第15章　R3：组织危机学习：OKR模型 /263

认知清单 23：组织如何学习：阿吉里斯的双环学习模型和彼得·圣吉的学习型组织 /263

行动清单 33：组织危机学习：OKR 模型 /266

第四部分　危机管理评估 /279

第16章　为什么组织危机不断 /280

认知清单 24：评估能力 /280

行动清单 34：评估利益相关者 /283

行动清单 35：评估危机管理过程 /285

行动清单 36：评估危机管理团队 /287

行动清单 37：评估危机损益得失 /290

行动清单 38：评估危机管理效果 /291

后记 /293

参考文献 /295

危机管理到底管什么

总 论

本书整体结构如图 0-1 所示。

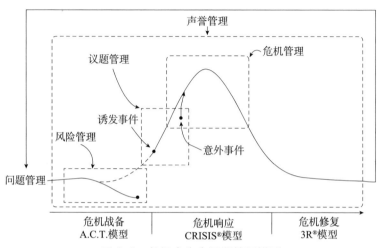

图 0-1　危机全生命周期管理模型

资料来源：本模型参考 GRIFFIN A, REGESTER M. Crisis, issues and reputation management[M]. London: Kogan Page Limited, 2014: 119.

认知清单 1：危机管理三阶段：响应、战备和修复

危机管理按照全生命周期的时间序列逻辑，分三阶段，我用 Crisis·3R[○]表示：

- 危机响应[○]（Response），危机爆发时，予以响应和处理。
- 危机战备（Ready），未雨绸缪，预先做好战备规划和培训。
- 危机修复（Recover），危机消散后，修复品牌声誉、恢

[○] 3R 参考罗伯特·希斯教授对危机管理 4R 的划分。
[○] 本书采用"危机响应"而不用"危机处理、危机管理、危机处置、危机公关、舆情处理"。

复事态平衡。

第一阶段为危机响应，分 6 个步骤，用英文单词 CRISIS·Response© 表示：

- C（Confirm）：明确事实，启动预案。
- R（Risk-Manage）：评估影响，预判风险。
- I（Idea）：决策并形成策略和行动。
- S（Sympathy Sure）：共情和可靠的沟通。
- I（Improve）：持续改善。
- S（Settle）：危机的结束与消散。

第二阶段为危机战备，分 3 个步骤——评估、创建和训战，用英文单词 A. C. T.·Ready© 表示：

- A（Assess）：评估组织文化、风险和情境。
- C（Create）：创建危机管理的管理架构、项目和行动计划。
- T（Train）：进行危机演练、培训与实战。

第三阶段为危机修复，分 3 个步骤——变革、重建和复盘，用英文单词 3R·Recover© 表示：

- 变革（Revolution）：推动业绩反弹和组织反脆弱性变革。
- 重建（Rebuilding）：重建信任，恢复声誉。
- 复盘（Review）：组织危机学习。

虽然危机响应是聚光灯下的核心动作，但是危机战备和危机修复才决定了危机管理的整体效果和最终效果。

本书将会用以上三阶段作为主线来解构全书。

认知清单 2：危机管理的五个对象：问题、风险、议题、危机和声誉

危机潜藏的冰山理论：萨提亚

萨提亚是心理学家庭治疗的一个流派。该流派有一个用于了解来访者内在的模型，叫冰山理论。

它指一个人的"自我"就像一座冰山，能看到的只是表面很少的一部分——行为，而更大一部分的内在世界却是暗藏在海平面之下更大的山体。那是长期压抑并被忽略的"内在"。揭开冰山下的秘密，会看到生命中的渴望、期待、观点和感受，看到真正的自我。心理治疗师需要透过来访者的表面行为，去探索来访者的内在冰山，从中找出解决之道。

把该理论套用到组织行为中，你会发现：人们往往看到的是组织冰山（见图 0-2）以上的部分，那是为公众所熟知、品牌营销和企业经营共同打造出来的面貌。但是冰山以下的部分是信息黑箱，不为人所知。当某些部分浮出海平面时，可能会改变公众对组织的印象。

当危机如地壳运动般剧烈震荡时，整座冰山就会浮出海平面，甚至成为"珠穆朗玛峰"，屹立在公众面前，一览无余。一个组织是否言行一致，会受到社会和公众的检验。浮出海平面的

图 0-2　组织冰山

资料来源：作者整理绘制。

所谓的内幕消息、管理不善、价值观扭曲,有时会把企业推进云霄飞车,直奔山峰之巅,悲提热搜。

优秀的危机公关团队会把95%的危机消灭在风险和问题阶段。危机团队要学会做心理咨询师,探索组织的管理问题和可能酿成风险的事件,着手制订计划予以消除和解决。

这对危机公关团队提出现实挑战:

- 你是否了解组织的全貌?
- 你是否能够冲破组织内的信息藩篱和部门之间筑起的高墙?
- 你是否能够有获得组织内重要信息的权利,包括知情权、参与权、建议权和决策权?
- 组织的风险和问题,你知道多少?
- 当业务部门出现风险和问题时,有没有人告诉你?
- 你是否提前告知业务部门,哪一类的风险和问题必须同步传达给你?
- 管理者会不会让你了解财务、供应链或重要高管变动的信息?
- 你有多大的职责权限和影响力去推动组织解决这些问题?
- 如果这是组织暂时还不能解决的问题,如何最大限度地减少它爆发的概率和对组织的伤害?
- 如何系统化、流程化、规范化、程序化地解决这些问题?

如果组织认为,危机公关团队只需要负责冰山上的危机,不需要理会冰山下的问题和风险。那么,出现危机时,危机公关团队就无从下手,无力回天。最终,受到影响的便是企业的整体声誉。

推动组织把冰山以下的部分纳入危机全生命管理体系，既是危机管理的需要，也是组织运营管理的需要。

暗访，就是把冰山下的风险和问题推出海平面。应对之道就是内审，把内部问题内部消化和解决。

2021年8月，我所任职的企业——锅圈食汇，在全国有8000多家门店。总部四楼的客户成功中心有全国联网的视频监控系统，可以实时查看所有门店的前厅和后厨操作间。随便选择一家门店，不管是在福建还是在湖南，哪怕是镇上的加盟门店，都最少安装了两个无死角的摄像头。

在连锁加盟业态中，管理挑战最大的是食品安全问题。除了看得见的管理规范和流程要求，冰山以下的部分到底能否严格按照食品安全标准进行？这就需要无死角地进行审计和扫描。总部安排专人每天随机抽查，如果任何一家门店关闭摄像头，第一次罚款5000元，第二次直接关店。

用视频监控系统辅助管理，可以极大程度消除冰山下看不到的部分。

基于风险和合规的投入，不再是可有可无的冗余，而是体现管理水平和意识的基础设施建设，是企业估值的一部分。

思考题 0-1　你了解组织冰山吗

1. 你了解所在组织中冰山以下的哪些部分？
2. 你是否经历过，在一些危机爆发后，才发现危机的种子早已存在于组织？

危机爆发的非概率论：塔勒布的肥尾效应

风险管理理论学者、经济学家塔勒布一系列研究的核心主题是：如何在充满随机性和不确定性的世界中规避风险，获得收益。

2022年他在专著《肥尾效应：前渐进论，认识论和应用》中，指出风险爆发的非概率论。

如图0-3所示，这是事件发生概率的正态分布图。峰顶（a_2, a_3）是小概率极端事件，也就是黑天鹅类的危机。这类危机是不可预测且难以管控的。峰顶是由左右两侧的尾部（a_1, a_2）爬升到肩部（a_1, a_2）（a_3, a_4）导致的。如果事件的影响相当不平均，则尾部很厚；如果极端不平均，则尾部很肥。不管控肥尾问题，就会演化为危机爆发。

塔勒布指出，社会科学和金融学研究中现有的大多数"标准"统计理论均来自薄尾分布，然而用薄尾思维衡量肥尾事件，会导致严重问题。薄尾（a_1, a_4）可以解释单次极端事件，而肥尾（a_1, a_2）（a_3, a_4）可以解释一系列不太常见的事件。

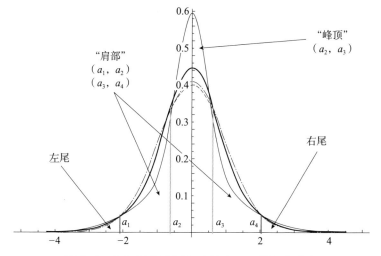

图0-3　危机爆发遵循肥尾效应，而非概率分布

资料来源：塔勒布，《肥尾效应》。

危机的发生恰恰是一系列偏差事件的总和（肥尾）形成的。玩忽职守的职业经理人、报喜不报忧的企业文化、内部沟通不畅的协调机制、不敢担责的高管、愤怒的受害者、追求流量和真相的媒体，构成了危机的爆发。

在问题和风险阶段，危机管理的着力点不在峰顶，而是要前置管控肥尾效应的风险。

这在企业内最大的挑战是：你要跟管理者解释清楚，我们需要和从未见过甚至从未想到过的风险相处，并且需要投入资源和精力予以准备和预防。

把一系列偏差事件的交互影响减少到最低，就是对肥尾效应的管控。

思考题 0-2　你经历过肥尾效应的危机吗

1. 找一个你所经历过的或者你所在行业中的危机案例。
2. 判断造成肥尾效应的一系列偏差事件是哪些？
3. 看得见、看不见的多米诺骨牌效应是如何发生的？

危机管理的全周期论：海因斯沃思的问题的生命周期模型

为什么下一场危机正在酝酿中，而你却无所觉察？因为你没有发现和处理组织正在酝酿的问题。

1985年，美国教授海因斯沃思，提出了问题的生命周期模型（见图0-4）。该模型将公司面临的问题，概括为四个阶段的循环：起源、干预/扩大、成形和解决。

纵坐标代表问题对企业的压力程度，横坐标代表问题的不同发展阶段。在问题发展过程中，其重要性的强弱决定了企业所承受压力的大小。

在该生命周期的任意一个点上显示出来的问题，都可能因为各种各样的原因而终结，比如组织的干预或问题的自行消失。但如果问题继续发展，则会进入下一个阶段，并最终导致危机爆发。

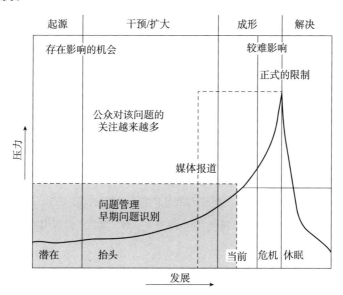

图 0-4　问题的生命周期模型

资料来源：HAINSWORTH B, MENG M. How corporations define issue management[J/OL]. Public Relations Review, 1988, 14(4): 40-41.

在问题管理领域，管控重点应该放在起源和干预 / 扩大的阶段，对早期问题进行识别和管理，也就是图中灰色区域部分。

组织对问题的行动干预时机（见图 0-5）体现的是组织在问题发展过程中的控制强度、影响度和行动路线图。

问题管理有三个行动时间点：最佳行动时间点、一般行动时间点、最差行动时间点。

初始阶段是最佳行动时间点，组织对问题的控制力是最强的，危害和影响也是最弱的，所要付出的组织成本也低。公众不关注，媒体未介入，组织还有对解决问题的控制力。

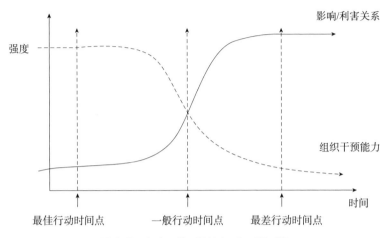

图 0-5　组织对问题的行动干预时机

资料来源：迪麦尔. 商誉 [M]. 吴书榆，译. 北京：中国电力出版社，2013：172.

随着时间的推移，问题演变成风险的概率越来越大，到达肥尾风险阶段，这是一般行动时间点。组织控制力下降，成本随之升高，负面影响逐渐增大。

最后，公众开始关注，媒体报道介入，风险溢出组织的管理边界，问题失控成为危机。组织不得不被动应对，这是最差行动时间点。这个时间点对组织的危害最大，组织的控制力下降到几乎为零。

案　例 0-1　某基金会品牌合作声誉风险

2010 年年底，我所在企业向某基金会捐赠 35 万元现金和价值 30 万元的产品，用于贫困先天性心脏病儿童的救治及社会贫困人员的救济。随后，公司把赞助背书放入某传媒电梯广告中。

一个月后，该基金会陷入了一场舆论危机。某微博大 V⊖ 也是某知名媒体前任总编辑，拍摄该广告照片并发布到微博上，质疑和嘲讽该基金会。

监测到此信息后，我通过媒体朋友，在一小时内找到了该人的联系方式，向他说明了实际捐赠行为和金额，并表示这会影响到公司的品牌声誉，请他酌情考虑。

对方接到电话后删除了微博。随后，我们也从广告中撤掉了该基金会的品牌背书信息。

从发布到删除不到两小时，转发和评论都还没有破百。这就是肥尾阶段的一般行动时间点。在这一时间点，需要找到信息源头，坦诚沟通，消除危机。

当然，最佳行动时间点是在遭遇巨大信任危机的发生阶段，那时就应该快速决策，撤下所有合作信息。

近年来，多位明星代言人的负面事件出现后，代言品牌 24 小时内会宣布单方面解约，这就是最佳行动时间点。如果晚几天，被舆论和网友倒逼，品牌方就被动了。

但对于企业来讲，找代言人付出的成本巨大，确实需要斟酌和决策。写以上案例时，我职级不高，只能在危机处理层面提出建议。在业务决策层面施加影响力，则要几年后了。

思考题 0-3　危机的干预时间点

1. 你是否在职业生涯中发现和处理过早期的问题？当时你是怎么做的，结果如何？
2. 找到你曾经亲历过的一个危机事件，分析最佳行动时间点是什么时候，你的介入时间点是什么时候。为什么你没有更早

⊖ 微博上获得个人认证及拥有众多粉丝的用户。

一些干预此事件？

危机的全生命周期路线图

按照生物学模型，把危机比作一个有机生命体，不同阶段需要有不同的应对方法。掌握危机的生命周期，有助于处理不同阶段的"危机"。

如图 0-1 所示，危机全生命周期管理有 5 个对象：

- 问题管理。
- 风险管理。
- 议题管理。
- 危机管理。
- 声誉管理。

企业经营管理中，难免会有各类问题的出现。问题管理是危机管理的起点，范畴最大，然而不是所有问题都是危机。

在危机战备阶段，问题被明确识别和彻底处理，危机会走向终结。没有被彻底解决的问题，会成为风险，酝酿发酵，像灰犀牛般奔袭而来。当诱发事件出现时，引爆控制不住的风险，形成危机。除了灰犀牛类的事件，组织还会遭遇黑天鹅类的"意外"事件。此类事件以价值观危机和社会议题危机居多。

危机响应阶段，对应的是传统的危机管理。

危机结束后，进入品牌修复的长尾期。那些危机中暂时偃旗息鼓的问题，会继续潜伏下来，进入下一轮的问题管理周期。

整个危机生命周期内的组织行为，都属于声誉管理的范畴。

以上就是危机全生命周期管理模型。

危机响应

01
PART 1
第一部分

| 第1章 |

危机来了怎么办：
CRISIS · Response© 6 步骤指引

第 1 章介绍危机响应，将其分为 6 步骤，用英文单词 CRISIS · Response© 表示。对应本书的第 2～7 章。

1. C：明确事实，启动预案

本步骤为第 2 章，包含行动清单 1～4、认知清单 3。

危机事件发生后，首先要由危机管理团队启动预案，召集相关人员展开行动。行动的第一步是确认事实。在危机的初期，事实未必是清晰明确的，核对事实是响应工作的基础。

随着事实逐渐浮出水面，可以对危机的发起人、类型和诱因做出基本判断。在随后的预判沟通会上，对危机做初步定性。

2. R：评估影响，预判风险

本步骤为第3章，包含行动清单5～7、认知清单4和5。

在危机响应中，首先要考虑的是对受害者或受影响者的关注。这也是危机中最大的"风险"。受害者往往有实际伤害和心理伤害，这导致管理受害者很艰难。善待受害者要从爆发期、处理期和恢复期三个阶段入手，做好13个关键点。

危机对组织内的影响主要涉及两个方面：业务经营和利益相关者的影响。对这些影响，组织要做出补救分析。等到了危机恢复期，着手弥补受损的部分。

3. I：决策并形成策略和行动

本步骤为第4章，包含行动清单8和9、认知清单6和7。

危机决策是从个人和组织两个层面入手的，介绍情境感知模型在决策中的应用。决策不会凭空产生，我们往往依据的是过往经验和当下情境。

关于决策，有多种错误影响着速度、质量和成效。第4章列举了5个错误、7条原则和6个问题，帮助大家提升决策认知。

决策的对象是危机，而"客户"是利益相关者。梳理和满足利益相关者的需要，才能开始实施决策。

第4章最后提出了实施决策的PrOACT积极行动模型，开好决策会议的8个要素和4个流程。

4. S：共情和可靠的沟通

本步骤为第5章，包含行动清单10和11、认知清单8～12。

共情，共的是公众的情绪、认知和文化原型。

危机沟通分为事实和价值两个层面。在事实层面，不是讲道理而是讲故事，这更容易让大众理解和接受。

故事的讲述可以选择幸存模型，先确定故事的主题、角色、价值观、起点，再选择相应事实。因为公众按照框架、品牌原型和故事来思考，你不给他们框架，他们就会自己解读。

可靠，是站在企业视角的策略性目的。企业的主战场是销售战场，不是舆论战场。在流量生态的舆论场中，不偏离组织的战略传播主线是基本定力。有时不妨保持沉默，让子弹飞一会，可能是更合适的选择。第 5 章最后介绍了品牌保持战略性沉默的 3 种情况。

5. I：持续改善

本步骤为第 6 章，包含行动清单 12 和 13、认知清单 13～15。

持续改善是在危机行动阶段的指导原则。行动如战争，伴随着各种随机、波动和不可预测事件的发生。消除其中的摩擦，是执行阶段的重点。

危机的走向如台风路线般不可预测，要避免伴生的次生危机和集群危机，这就要求我们理解危机的"红酒塔效应"，引导信息流，掌控故事的主动权，避免危机蔓延。

危机是战斗，经营是根本。处理危机的同时，保持核心业务的稳定性和连续性是组织的基本盘，也是危机响应要关注的部分。

最后是危机中的资源管理，只有粮草充足，才能战斗不息。

6. S：危机的结束与消散

本步骤为第 7 章，包含行动清单 14～16、认知清单 16 和 17。

危机的结束有 5 种结果。每一种解决方式都不尽相同，但是每一个危机的结束，都需要组织进行判断和分析。有些危机是长期危机，可能持续数月到数年。在危机的结束阶段，要和组织内的员工进行沟通并给予关照。

在最后，总结了这一部分重要的行动方案。

| 第2章 |

C：
明确事实，启动预案

行动清单 1：启动响应

　　危机发生的前 30 分钟，应该做什么？先来看一个我处理过的案例（以下简称"鸭血事件"）[一]。

　　2015 年 3 月 15 日，周日晚上，我和家人在外吃饭。我正在喂两岁半的女儿吃虾仁时，接到了同事的电话。就在刚才，中央电视台新闻频道《共同关注》栏目报道，我时任公司的某

[一] 本案例为作者在 2015 年中国食品安全年会上的演讲稿。详细拆解了 72 小时内危机响应和处理的全流程，是一手的企业内部复盘视角。该案例会完整贯穿危机响应这一部分。该案例全文 6000 字，查看完整案例请关注微信公众号"友声誉"。

家门店售卖的鸭血是假的，涉嫌含有猪血成分。

放下电话，我启动了危机应急预案。㊀

- 5 分钟内，危机预案涉及人员分别进入决策群和处理群。
- 10 分钟内，危机处理小组成员进入工作状态。媒介监测、媒体沟通、政府沟通、协会沟通分别展开。
- 15 分钟一次，全网舆情监测和媒体扫描，有任何跟"品牌名＋鸭血＋央视"类似的新闻都要监测分析。
- 安排人员对报道内容进行概括总结和内部核对。

当组织内的危机负责人收到消息开始行动的那一刻，就是危机响应的开始。这里有 3 个关键要素：谁、何时和做什么。

谁来打响第一枪

谁是组织危机管理的第一负责人，谁就来发起响应。

这个角色可能是公关经理、舆情经理、品牌总监、总裁办公室主任、董事长助理、CMO、CFO、CEO。根据企业生命周期和组织成熟度，这个角色各有不同。

最常见的是公关条线的负责人，其次是危机类型和情境的负责人。比如工厂火灾，负责安全生产的副厂长就是危机响应的发起人，公关团队负责舆论和沟通部分。

最简单的衡量标准是，当组织出现负面消息时，所有人第一时间想给谁打电话，这个人就是危机响应的发起人。

要注意，危机响应的发起人，未必是危机管理的责任人。

在本案例中，我作为时任品牌市场总监，兼管公共关系，

㊀ 楚学友. 重大危机 72H 行动指南：央视"3·15"曝光，恰逢 IPO 后首次业绩发布，如何处理实现股价反涨 33%？| 友声誉®[EB/OL]. 微信公众号：友声誉.

是危机响应的第一负责人。董事会一般委托总裁作为危机管理的第一负责人。

如果这个人暂时还不是你，也没关系。职位来自贡献和成就，来自专业影响力，看完并且应用本书，假以时日，当危机到来时，你就会成为所有人的目光都投向的那个人。

思考题 2-1　谁是组织中发起危机响应的人

1. 在你的组织中，谁是第一时间从大家脑海中浮现出来的那个发起人？
2. 如果暂时还不是你，那个人是谁？为什么是他？
3. 你要如何做，才能成为那个角色？

第一现场行动指南：没有得到公司指令前该怎么办

危机在打响第一枪之前，已经发生。第一现场的公司团队，在没有得到公司指令前应该怎么办？

遵循第一现场行动快速指引（见图 2-1），第一时间救助受害者和处于风险中的人，遇到紧急情况立刻报警或者联系医院救护车。

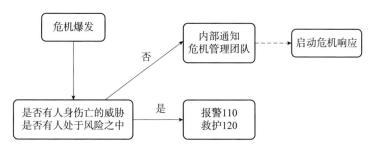

图 2-1　第一现场行动快速指引

遵循"以人为本"的本能思维。在实践中，不少一线工作人员往往会陷入极度紧张，只记得公司规定，忘记了救死扶伤的人类本能。在组织中,需要强调"以人为本"这一点,而不是强调任何情况都要第一时间报告上司,这可能会贻误救助。

响应黄金时间:20 分钟

传统危机管理的黄金 24 小时,指的是对外回应。在此之前,组织只有启动危机响应,才有可能在 24 小时内予以回应。

1 小时响应?太慢。你接到的询问电话或微信已铺天盖地。

最简单的响应时间的衡量标准:在领导找你之前,你已经启动。如果总比领导后知后觉,总是等领导打电话给你,那你离被裁员就不远了。

危机管理中有 9 个重要的时间点,分别是:

- −90 天:危机战备规划。
- 20 分钟:危机预案启动。
- 1 小时:危机决策黄金时间点。
- 6 小时:危机初步响应与行动。
- 24 小时:危机首次响应的外部评价与调整。
- 72 小时:危机高峰。
- 7 天:危机消退。
- 90 天:组织学习与变革。
- 180 天:声誉修复。

前 20 分钟的响应速度、效率和质量,是之后所有流程的基石。

先报信,后思考

从管理行为看,告知组织中的相关他人,准备采取措施,是内部危机沟通的第一步。原始部落中在树上的瞭望者、部队扎营放出的巡逻队,任务就是告知组织风险到来。

在本案例中,20 分钟打三个电话,通知三个关键人,同时召集相关人员,时间足够了。

三个关键人:

- 上司。本案例中是我的领导,即总裁。
- 危机处理执行小组负责人,一般是危机处理的具体执行人。在本案例中,也就是我。
- 该危机类型组织内的负责人。业务问题告知运营负责人,产品质量问题告知品质管理负责人,员工引发的危机告知人力资源负责人。本案例中,我就是公共关系负责人。

曾经我的一位咨询客户(公关总监)认为,第一个动作不应该是通知上司和团队,而是先自己分析和判断。在得出大致结论和验证初步消息后,再拿着详细的危机报告去通知领导。

我问他为什么?他说,证明你深思熟虑过,方案也是精益求精、无可挑剔的。我说,领导知道你这么做,应该吓坏了吧。

危急时刻把关注点放在自己的专业形象上,让自己保持职业生涯的稳定性,追求完美方案,因此牺牲组织的响应速度,不依赖群体决策,这是要克制的私心。

思考题 2-2　导致组织响应缓慢的原因是什么

1. 你的组织在最近遭遇的三次危机中,响应时间是多长?
2. 如果超过 20 分钟,是在哪一个链条上产生了阻滞和拖延?
3. 有什么改善措施能够消除阻滞,缩短响应时长?
4. 你在启动危机响应时有完美主义倾向吗?阻碍你马上行动的可能是什么?

如何知道内部的"坏"消息：部门墙、信息链和信任度

本案例的"坏"消息，是同事 Z 电话告知我的。她是另外一个部门的负责人。坏消息未必是公关团队最先得知的，公司的各利益相关者都会第一时间将坏消息告知他认为应该知道这件事的人。投资人直接发给管理者或者负责投融资业务的副总裁（VP）、首席财务官，供应商发给供应链负责人，媒体记者发给公关负责人，组织内的中高层发给品牌公关副总监或公关总监。更为理想的状况是，公司建立了危机事务沟通群，知道消息的第一人会马上把消息发到群里。

如果你和部门外的其他人没有建立通畅的危机沟通机制，就不会收到坏消息。他们会直接把信息发给管理者，或者视而不见，私下却讨论开了。

如果坏消息最早被 A 部门知道，而 A 部门事不关己高高挂起，消息就不会穿透部门墙抵达你。同事 Z 和我在危机处理上没有信息阻隔。

在危机厌恶型的组织，管理者对坏消息的传递讳莫如深，那就是患了"波斯信使综合征"。作家王小波在《花剌子模信使问题》中说，中亚古国花剌子模有个可怕的风俗：凡是给君王带来好消息的信使，都会得到晋升；凡是给君王带来坏消息的信使，就会被送去喂老虎。[一]

如果组织领导者具有厌恶坏消息的偏好，坏消息就不会自由流动。信息链断裂会导致组织神经末梢溃烂，直到产生要被截肢断臂的严重后果。

内部信息链的广度、速度、流畅度和响应度，团队之间有没有部门墙，这决定着危机沟通的初始品质。

[一] 王小波. 花剌子模信使问题 [J]. 读书，1995(3): 5.

如果你是经理、主管或专员职级，有些坏消息可能是上司告诉你的，因为信息总是先流向更高职级的人。但是，你是否被告知，这取决于你和上司之间的信任度。

你和上司之间的信任度，如果满分是 10 分，你会打几分？为什么是这个分数？如果你也带领下属，想想看，你会给下属的信任度打几分？为什么是这个分数？

思考题 2-3　你所在组织内的信任度如何

1. 你所在的部门和组织内其他部门之间的信息墙有多厚？如果满分是 10 分，你会打几分？
2. 你与上司之间的信任度，如果满分是 10 分，你会打几分？
3. 如果出现坏消息，你会第一时间报告上司吗？
4. 如果上司听到了一个组织内的坏消息，他会第一时间告诉你吗？
5. 你知道这些坏消息之后，是否会采取行动或提出建议？

如何知道外部"坏"消息：预警系统和关系网

企业危机管理团队的核心成员必须接入舆情监测的推送。不少公司会依托第三方公司监测。一个舆情监测专员的反应速度和响应时间，决定了初始信息链条传递的速度。每人都是危机团队中的一员，全员具备危机意识，是从信息链条的设置保障上实现的。

2022 年，我给一个客户做危机复盘工作坊。该危机导致业务下跌 30%。初始爆发时间是某周日晚 7 点半，由小红书一位消费者的吐槽引发。这位消费者的粉丝不到 200 人，既往互动量也寥寥可数，初始迹象并不严重。第三方公司的监测专员当晚参加同学婚礼，半醉之时看到推送。他打开看过后，觉得并不严重，于是继续喝酒。

第二天早上 7 点多在宿醉中被电话惊醒，他发现这条吐槽被搬运到了微博，多个 KOL[⊖] 和媒体矩阵账号转发，当晚 11 点冲上热搜。

品牌方是在晚上 10 点半才发现这一消息的。本来 3 个小时前就该采取的行动和决策，遭到了严重延迟。第二天周一股市开盘，股价下跌 10%。复盘时发现，这早期被延误的 3 小时，是关键。

在本案例中，我并不是从舆情监测中得知负面消息的。而是在央视报道后，被同事告知的。这类他人告知公关团队的坏消息，一般是严重事件，因为已经溢出组织边界，进入了公众视野。

除了舆情监测，你的外部关系网和信息网络是否建立起来了？当媒体写一篇关于你所在组织的报道时，是否会找你核实或沟通？当你的微信好友看到你公司的负面消息时，是否会转发给你？这都是你需要去思考的。

行动清单 2：核对事实

事实的半衰期和真相的渐近线

事实很像放射性元素。

如果你核对的是单个信息（铀原子），你很难看清事情的全貌，就像很难看清铀原子是否会衰变。

但是，当你面对的是数以万亿计的原子构成的一组铀时，事件脉络一下就清晰起来了。一组铀原子的变化是有规律的。

⊖ 关键意见领袖（Key Opinion Leader, KOL）是营销学上的概念。

如果有足够的时间，人们可以看到一半的铀-235 在 7.04 亿年中有规律地完成裂变。7.04 亿年的时间是可测的，叫作铀的半衰期。

当把事实看作一个信息交错组成的整体时，事实是可以预测的。事实是有半衰期的：我们可以测算事实和真相之间有多远的距离。

核查危机中的事实，我们有机会沿着真相的渐近线逼近核心。

你刚开始知道的一切，有一半可能是错的：切尔诺贝利核电站事故

1986 年 4 月 26 日凌晨，戈尔巴乔夫被一通电话吵醒，电话内容是关于核电站事故的紧急报告，由时任苏联能源与电气化部副部长的阿列克谢·马库欣发来。内容如下：

4 月 26 日凌晨 1 点 23 分，切尔诺贝利核电站四号反应堆在进行例行维护时，反应堆顶部发生爆炸。据切尔诺贝利核电站站长报告，爆炸导致反应堆厂房的屋顶和墙壁镶板部分倒塌，屋顶的几个面板和反应堆的辅助系统单元受损并造成了屋顶起火。

……

工作人员正在采取措施冷却反应堆的活跃区。3 名主要负责人认为，没有必要采取特别措施，包括将人口从城市疏散。

9 名工作人员和 25 名消防人员在住院治疗。

正在采取措施消除事故所造成的后果并调查事故原因。一切都在掌控之中。

依照报告内容，尽管切尔诺贝利核电站半夜突发意外并导致火灾，但一切都还在掌控之中。戈尔巴乔夫当时并没有过多

关注此事。他认为在休息日，没有必要去吵醒其他高层或召开政治局紧急会议。

26日下午，当部长会议副主席谢尔比纳带领一众官员、专家从莫斯科搭乘飞机赶往切尔诺贝利核电站所在地普里皮亚季时，能源与电气化部部长马约列茨甚至乐观地觉得，几天后当地的生产生活秩序就能恢复如常。[⊖]

后续的结果是，该事故是历史上最严重的核事故，也是首例被国际核事件分级表评为第七级事件的特大事故。这次灾难所释放出的辐射线剂量是第二次世界大战时期广岛原子弹爆炸的400倍以上。这场灾难总共损失大概2000亿美元，是近代历史中损失惨重的灾难事件之一。[⊖]然而，在最初的报告中，仅仅报告为"核反应堆的建筑爆炸起火"，这造成决策误判的严重后果。

在危机处理中，对事实的核对贯穿始终。但最初你获得的信息，未必全部是真实的。

出于各种主客观原因，在传递和加工过程中信息经常出现各种扭曲：

- 公司现场第一负责人为了逃避管理责任，扭曲事实，篡改信息，导致预判错误。
- 金融一线网点将因为一线服务出现问题引发纠纷的储户描述成故意找茬儿的自媒体，让执行小组错判危机发起人为自媒体。
- 品牌公关团队罔顾事实，直接将危机归咎于竞争对手的

⊖ 浦洛基. 切尔诺贝利[M]. 宋虹，崔瑞，译. 广州：广东人民出版社，2020.

⊖ 新华网. 切尔诺贝利事故：人类之痛30年核污染至今犹存[EB/OL]. [2023-12-18].

"黑公关"操控，推卸自己预防和处理不力的责任，促使决策层发起无谓的公关战。

事实核对三原则：不错乱、不遗漏、不歪曲

不错乱，就是原始信息无误。

受害者的姓名、身份证号码、联系方式、职业、家庭情况等信息要正确无误，发现明显疑点或特殊信息时，立刻追问核对。

受害者家属自称自己是公务人员或者媒体从业者时，要明确其就职单位，在后续决策和行动中考虑身份变量的影响。

一线员工汇报受害者为孩子、老人、孕妇时，要着重关注，这是容易引发情绪的特定受影响者。负责人需要多加追问，孩子多大，是否有生命危险，是否已经就医，家长情绪和状态如何。

我的团队曾经接到过一线门店报告用餐过敏的客户投诉，追问发现是4岁孩子对奶粉过敏，全身起了黄豆大小的红点，店长已经陪同家长送医治疗。这引起团队高度关注，马上安排区域负责人跟进，先行垫付医疗费用和进行每日陪同。所幸，孩子并无大碍。

不遗漏，指的是关键信息没有遗漏。

例如，汽车产品问题导致的事故危机，就要核查：

- 是哪一类产品问题？是总成还是配件？
- 问题的出现是不是导致事故发生的核心原因？
- 产品问题和事故发生是否正相关或者有因果关系？
- 是否有权威检测部门出具的检测报告？
- 是否有交警部门出具的事故认定书？

- 公司内部品控对所提交的相关报告是否做过确认,并且认定确属我方问题?

如果没有这些信息,就无法高效进入决策。

不歪曲,就是在信息传递和加工过程中没有人为扭曲。

实践中经常出现,危机发生的第一现场负责人为了逃避自己的责任,故意扭曲事实,篡改信息,导致预判的错误。

如何避免歪曲事实,这需要充分考虑人性。

例如在制订危机响应机制时,对于一线团队,给予上报责任豁免。只要按照规定要求上报,交由总部处理,就不追究其责任。这可以避免此类问题出现。

如何确保初步事实基本准确

理想方式是一线调查和确认。如果无法到达现场,可以采取事实核对清单(见表2-1)和危机第一现场负责人口头报告的形式。

表2-1 事实核对清单

序号	事实性问题清单	已知	未知	报告人
1	发生了什么事	食品安全遭遇媒体曝光		
2	是否有人员伤亡?死者多少人?是伤者严重程度如何	暂无		
3	事件发生的时间、地点	北京	涉事门店和具体时间	
4	造成了哪些影响或冲击	媒体曝光		
5	有谁受到了影响或冲击	公司声誉		
6	原因是什么?是否已经初步查明	暂无		

（续）

序号	事实性问题清单	已知	未知	报告人
7	目前已经采取了哪些行动和措施，收效如何	启动危机响应		
8	事发经过如何	暂见报道		
9	目前有哪些人知道该消息	全体公众		
10	以上信息最后更新的时间	报道发生后10分钟		

当然，如果这张表中的不少信息一开始是未知的，那就空着。

事实是流动变化的。它不是一张完整清晰的地图，而是一个拼图。在尝试、摸索、纠偏和返工中，全貌逐渐浮现。这需要的是耐心、允许犯错、持续迭代和全局思考。

针对本章开头的鸭血事件，可以填写表2-2。

表2-2 事实核对清单填写范例（鸭血事件）

序号	事实性问题清单	已知	未知	报告人
1	发生了什么事（诱因+类型）	食品安全遭遇媒体曝光		
2	是否有人员伤亡？死者多少人？伤者严重程度如何（影响）	暂无		
3	事件发生的时间、地点	北京	涉事门店和具体时间	
4	造成了哪些影响或冲击	媒体曝光		
5	有谁受到了影响或冲击	公司声誉、曾经购买过鸭血的消费者		

（续）

序号	事实性问题清单	已知	未知	报告人
6	发生的原因是什么？是否已经初步查明	暂无		
7	目前已经采取了哪些行动和措施，收效如何	启动危机响应		
8	事发经过如何	暂见报道		
9	目前有哪些人知道该消息	全体公众		
10	以上信息最后更新的时间	报道后10分钟		

实战中需要监测专员依托事先准备好的样板，直接往里套写。不要怕写错，只要动态更新就可以。不需要全面了解，只需要对事件有大致了解。真相和策略会在后续发展中逐渐展开。我要求团队在5分钟内必须填写完事实核对清单，随后就可以发到危机讨论群或者紧急会议群中。

进行一线对话

跟一线负责人电话沟通，掌握第一现场的二手材料。沟通时的注意要点：

- 先听后问，多听少问。
- 注意基本事实：看到了什么、听到了什么、说了什么、有什么行动。
- 注意区分判断、观点、态度、倾向与事实之间的差异。
- 注意你头脑中的预判和先验。
- 多追问：这是真实的吗？

事实核对清单看似简单，其实是后续应对的基础文件。如

表 2-2 中的第一个问题：发生了什么事？这包含两个基本判断，即危机的诱因和类型。

鸭血事件的诱因是媒体曝光，危机类型是食品安全遭遇媒体曝光，危机级别是重大危机。这是一目了然的事实。然而，并不是所有危机都清晰可辨。

行动清单 3：预判危机类型、诱因和发起人

预判是初步对危机定性，也是为组织定心。定性来自经验和直觉。不要碰到什么舆情都惊慌失措、乱了阵脚，可以凭借经验，考虑以下这些问题：

- 有无人员伤亡？
- 公司业务和品牌声誉是否会受到重大影响？
- 参与报道的媒体影响力如何？
- 利益相关者是否受到重大损失？
- 政府主管部门是否已经关注和介入？

问了以上问题，相信你就会有些基本判断。但是预判不能依赖经验，而是需要体系框架。

预判是微型的风险管理。根据组织已有的风险点，结合刚刚出现的危机进行预判。预判是处理中枢，拥有超级算力。算法输出的选项或者方案会输入决策系统。预判失误会导致后续一系列决策和行动的失败。

预判的核心是发起人分析和危机类型定性。

危机发起人和诱因分析：他为什么这样做

发起人指的是该危机的发起人。有的发起人一眼便知，有的发起人则隐身幕后，随着事件的推进，才图穷匕见；也有的

发起人永远隐身幕后。多问:

- 该危机是谁发起的?
- 是受害者或受到影响的人的发声被放大?
- 是媒体或自媒体的爆料?
- 是政府监管机构在行政执法中发生的问题?
- 是普通消费者还是职业打假人?

分辨的基本逻辑是判断发起人的诉求和动机。

动机是什么?不同的发起人,千差万别。

- 他是网民,有大把时间做键盘侠,享受隐匿在屏幕后谩骂的攻击快乐。
- 他自认为是正义和公理的化身。
- 他是竞争对手公关团队雇用的水军,发动了对品牌的攻击。
- 他是每天为流量焦虑的新媒体账号编辑,上热搜和十万加 ⊖ 是高悬在屏幕上方的达摩克利斯之剑。
- 他是黑公关公司的创始人,伺机寻找下手的猎物。
- 他是背着创收指标的媒体总编,借助负面寻找品牌商务合作,是他每天的核心任务。
- 他不想看到你成功,想看到你的组织崩溃,领导者身败名裂。
- 他觉得你的业务有天然原罪,是邪恶组织的化身,他要干掉你。
- 他是一类社会议题的倡导者和实践者,你凑巧撞上了枪口。

⊖ 10W+,指爆款文章。

- 他是接到消费者投诉的公务人员，职务所在，公事公办，必须查个水落石出。
- 他是刚刚就任的企业高管，发起了高举高打的营销战，不想误触公众的痛点。
- 他是企业公关团队的成员，在重大意外事件来临时，焦虑和压力导致对媒体说了不该说的话，引发了群情激愤。
- 他是你公司产品和服务的忠实粉丝，但是一次消费的糟糕体验，让他彻底愤怒了。
- 他受了委屈，只想讨个公道和说法。

发起人希望被看见，声音被听到。他一般是信息的发源地或放大器，你要一一查实分析。

受害人要求恢复生活的平衡，媒体需要流量和热度，监管机构要通过执法对公众有个交代，职业打假人为钱而来，普通消费者就是情绪激动，想要个说法，让商家给个态度。

危机诱因指的是引发危机的事件。鸭血事件的诱因是媒体曝光。诱因本身不重要，重要的是能够看到诱因背后的发起人及其动机。

危机定性：你以为的未必是准确的

该危机归属于哪一类型的危机，有的明确清晰，有的涉及多层议题，未必清晰。例如，2023年7月的"某奶茶品牌回应一杯白开水卖10元"事件。

该事件迅速冲上热搜，截至2023年12月19日，3.5亿次浏览量、28.7万人互动和4219次讨论。

案 例 2-1　某奶茶品牌某门店白开水卖10元事件

一位女士在媒体发声，吐槽一家奶茶店一杯白开水卖10

元。商家回应，公司有规定，杯子不单卖，卖杯子必须收奶茶钱，自带杯子白开水免费。

上热搜的三个点是：10元一杯的白开水（价格议题）、肚子疼买白开水（人道关怀）、违反契约精神（商业伦理与自由主义）。

热搜话题关注的是第三点——违反契约精神的过河拆桥。这把舆论矛头对准了消费者，危机类型被定义为不讲道理的消费者闹事。

品牌没有把握好危机的定性，丧失了向公众表达善意和管理优化的机会。因为危机本质是经营管理问题引发的价值观问题，价格只是放大器。

该危机看起来是经营性的价格危机，本质是价值观类的一级危机，不是价格类的经营性二级危机，更不是契约精神这种人性和理念的危机。原因如下：

- 网络讲情绪不讲道理。情绪上，谁都会有头疼脑热。品牌体现适度的人性关怀，只需要在制度设计上增加一次性低价杯子，或者上报特殊事件豁免员工赔偿就可以，成本不高，好感拉满。例如，麦当劳免费上厕所，星巴克免费续热水。要释放善意，不然就是把顾客往别人家推。
- 讲道理也要符合常理，价格议题是所谓的公序良俗、人情世故。一杯白开水卖10元，挑战了普通网民的价格认知，"贵"会牢牢打在品牌印象上。
- 即使讨论契约精神，买东西不能给差评吗？卖10元白开水是商家主权，吐槽是消费者主权。
- 三个议题排序，人性关怀是一级议题，价格高低是二级议题,契约精神是级议题。在三级议题上任凭网民带乱节奏,这是议题战场的选择错误。

这些看似是小事,却会丢掉消费者对品牌的好感和信任。赢了舆论,不一定赢得人心。危机定性一旦错误,后续的所有应对措施都会失之千里。

危机的 3 种类型:经营性 90%+ 价值观 5%+ 议题 5%

危机分类众多,我采取 3 种类型:经营性危机、价值观危机和议题危机(见表 2-3)。

表 2-3 危机的 3 种类型

序号	危机类型	占比	来源	制约因素	应对难易	学科背景
1	经营性危机	90%	向内看	企业经营规范、标准	容易	管理学
2	价值观危机	5%	向心看	共同价值观、公序良俗	适中	伦理学 心理学
3	议题危机	5%	向外看	社会议题	最难	社会学 舆论学

经营性危机,是组织日常经营活动或者自然灾害等第三方造成的,对声誉的威胁比较小,公众关注度也不高。比如,产品质量问题导致顾客投诉,暴雨洪灾导致工厂停工。

价值观危机,是组织在处理"意外"事件时,由于组织或个人的价值观与共同价值观或公序良俗存在差异,采取行动后造成的危机。

议题危机,涉及特定的社会议题,比如各类歧视议题(性别歧视、地域歧视、国籍和人种歧视)、动物保护与动物福利、粮食安全、环境污染、食品安全、阶层差异、网络暴力等。一旦企业涉足其中,就会引发严重危机。

3种危机的思维背景和学科基础不同,危机类型的定性和预判会导致决策方向和处理结果的迥然不同。

认知清单3:没有社交媒体危机:库姆斯的类危机

所有的危机都是社交媒体危机

不少研究者会专门把社交媒体危机归为一种类型。其实,危机就是危机,在什么渠道爆发并不重要。数字媒体或者社会化媒体只是消息披露和爆发的渠道,因此就被贴上社交媒体危机的标签。

在全民媒体时代,所有危机都有可能会被上传网络,所有的危机都是社交媒体危机。

用渠道来划分危机类型,需要掌控型思维模式。消费者和受众分散而自由,微博、小红书、抖音、朋友圈、脉脉、公司内网等渠道都有可能。

案 例 2-2　美联航弄坏吉他事件(2008年)

2008年,一位加拿大音乐人戴夫·卡罗尔在自己名贵的吉他被美联航的行李运输工摔坏后,历经了9个月的索赔,未果。

于是,他制作了一首名为《美联航弄坏吉他》的音乐视频并上传到YouTube上。这个视频在10天之内点击量接近400万人次,成为当时互联网上最火的视频之一。在此压力之下,美联航被迫赔偿。

该危机带来的后果是美联航股价暴跌10%,市值蒸发1.8亿美元。

该案例爆发在 YouTube 上，但根本原因却不是因为社交媒体。事件的根本原因是美联航业务运营问题没处理好，发展成为客户服务问题，并最终发展成美联航公司的企业文化危机。

把社交媒体上出现的负面事件称作社交媒体危机，就会造成失去机会辨别、分析和调整深层次的问题。社交媒体只是危机爆发链条上的渠道，最终还要回到如何确保航程中特殊行李的安全性这一基本运营问题上去。

当然，媒体环境多元化、碎片化、去中心化和全民化，社交媒体是所有危机应对沟通渠道中不可避免的一环。无论是什么样的事件，公司裁员、产品问题、行政处罚、媒体暗访等，都会成为社交媒体的素材。所以，每个危机都应该被标记为社交媒体危机。

社交媒体上的类危机：应对品牌声誉挑战者的 6 种策略

在网络普及、社交媒体盛行的时代，当利益相关者认为组织以不恰当的方式运营时，就会发出质疑。这种质疑会给组织带来压力、监督与挑战。

挑战的初始阶段只是威胁而不是危机，只有当威胁变得明显且得到许多利益相关者的关注或广泛参与时，威胁才会演变成真正的危机。

为区别威胁与危机，美国传播学学者库姆斯将社交媒体上出现的"公众指控组织不负责任或不道德行为的公开、可见的危机威胁"称为"类危机"（pre-crisis）。

类危机的特点 ⊖：

⊖ COOMBS W T, HOLLADAY J S. The paracrisis: the challenges created by publicly managing crisis prevention[J/OL]. Public Relations Review, 2012, 38(3): 408-415[2023-12-28].

- 具有爆发成全面危机的潜质，处于威胁和危机的临界点，监控难度大。
- 具有很强的公共属性，容易在社交媒体上发酵并引发讨论，对组织造成更严重的负面影响。

面对类危机，危机管理者有 6 种应对策略[⊖]：

- 拒绝，忽略挑战并选择不回应。
- 反驳，认为组织的行动或政策是负责任和适当的。
- 压制，通过阻止挑战者传播信息来使挑战者保持沉默。
- 认可/接受，承认问题，但不采取任何行动来解决问题。
- 修订，对政策或行为进行一些更改，但不是挑战者所要求的确切更改。
- 改革，对挑战者要求的政策或行为进行更改。

危机管理者选择的应对措施取决于挑战者的实力和威胁性、变革的成本以及变革与组织战略的一致性。例如，当变革成本低、变革与组织战略一致，并且挑战者被视为威胁时，危机管理者更有可能进行改革或修订。

如果挑战者结束对公司的质疑，威胁会减少。如果挑战者继续升级事态，并且成功聚集其他利益相关者，对组织发起新一轮的攻击，类危机就会升级为正式危机。

在美联航案例中，美联航一开始采取否认和漠视的策略。遭到第一轮舆论攻击后，事件引发了更大范围的关注，公司被迫做出赔偿，股价暴跌 10%，这就属于类危机引发的实质性危机。

⊖ Coombs W T. Ongoing crisis communication: planning, managing, and responding[M]. California Sage Publications, 2021.

思考题 2-4　你该如何处理社交媒体危机

1. 选择一个在社交媒体上爆发的热搜级危机。
2. 思考该危机对应的企业经营和业务问题是什么？
3. 思考该危机对应的企业文化和价值观问题是什么？
4. 如果重来一遍，具备所有的资源和能力，你会从什么地方开始预防？

行动清单 4：召开预判沟通会

谁来开会：危机管理的组织架构与角色

召集会议参与方开会，涉及危机管理的组织架构。

如图 2-2 所示，危机管理的组织架构分为四层。不同的组织或扩张或收缩，但基本模块没有差异。中小型企业拥有 CEO 和市场经理（兼管公关）就可以了，大型千亿元资产的跨国集团一般才会细分国家和业务单元。

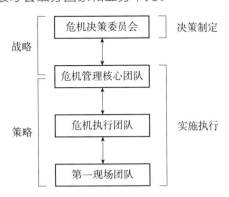

图 2-2　危机管理组织架构

危机决策委员会是危机决策部门，可以在董事会或 CEO 的领导下，也可以包含核心业务部门和职能部门的负责人。

危机管理核心团队以首席危机官为首组成，上要参与或影响决策制定，下要监督执行，对结果和效果负责。

危机执行团队是具体响应和应对危机的成员，它由舆情监测、媒体沟通、法务、官网管理员、社交媒体编辑、文案或撰稿、内部沟通协调员等角色组成。

第一现场团队，是指事件发生地点不在公司总部办公所在地时，比如，跨国集团位于中国某市的工厂所在地、连锁企业的某家门店，当地的现场负责人或者是事件发生时，与受影响者或受害者初次接触的公司对接人。

召开预判沟通会时，下面三层参加就可以。这三层在本书中统称为危机管理团队，由危机管理核心团队召集，危机执行团队和第一现场团队参加。

还有谁：业务/职能负责人和技术专家

在组织的危机战备预案中，不同的危机类型所需参与的内外部人员不同，但主要是职能负责人和技术专家。

一位在任高管的性丑闻，需要人力资源和法务的负责人参加。工厂的爆炸事件，需要负责安全管理的副厂长和集团负责安全生产的副总参加。公司的顾客数据泄露，需要负责网络安全的首席技术官（CTO）或首席信息官（CIO）参加。

由于职责所系，他们大多会积极参与。还有技术专家，提供关于事件的专业技术分析。这对决策方案的选择和影响程度有积极作用。

涉及侵犯著作权，视情节严重程度，法务团队要给出法定赔偿标准在500元到500万元的区间参考。⊖

⊖ 中华人民共和国最高人民检察院. 从具体罪名入手认定侵犯知识产权罪"情节严重"[EB/OL]. [2023-12-20].

有人员伤残，法务团队就要根据《人体损伤致残程度分级》标准[一]来初步估算根据伤残等级的赔付金额，[二]作为决策的依据。

涉及裁员纠纷，人力资源团队就要提供解除或终止劳动合同时，用人单位向劳动者支付经济补偿金的标准及情形，包括3类61种情况，作为裁决时合规合法决策的依据。[三]

如果技术专家和业务/职能负责人没有参加预判沟通会，就会导致决策因为没有评估标准而丧失依据，进而导致决策错误或迟缓。

邀请危机管理咨询顾问第一时间加入

在图 2-2 的危机管理组织架构图中，有远见和贯彻长期主义的组织还会增加危机管理的咨询顾问。咨询顾问越早介入，对危机应对成功的影响就越大。

在我所遇到的危机紧急咨询中，40% 是陌生客户的第一时间来电。电话沟通 20 分钟我基本就能给出具体的实战操作指引，等第一轮沟通结束后，再根据动态变化商讨第二轮应对措施。每半天一次线上沟通指导，直到危机消退，进入修复咨询。40% 的咨询属于热搜已上，在舆情高峰时找到我。此时，组织第一轮声明回应已发出，第一轮行动已执行，再介入干预的效果就会降低 50%。本无回天之力，此时更是力不从心。还有 20% 的咨询属于危机高峰已过，找我来做危机复盘和声誉修复。

最理想的介入状态是作为 CEO 和公司的危机管理特别顾问，全景规划组织的危机响应、战备和修复，在下一次危机爆发时，协同和应对的效率就会最高。

[一][二] 中华人民共和国司法部 [EB/OL]. [2023-12-20].

[三] 中国法院网．解除或终止劳动合同经济补偿金怎么支付？[EB/OL]. [2023-12-20].

形成危机预判报告

随机按需发起，线上线下都可以。会议分为 3 个步骤。

1. 看报告

所有参会者看事实核对清单、舆情监测报告。它们可以对危机的大致样貌形成第一印象，所有相关方脑海中都会浮现出一些问题和疑惑，危机执行团队将这些问题收集起来，作为商讨内容。

如果在商讨之前还有人没看报告，可以在开场前 5 分钟请所有人看资料，每人准备 1~3 个问题。

2. 听汇报

参会者听取危机第一现场负责人、受害者对接人的口头汇报，听取舆情监测的口头报告。

第一现场负责人主要补充文字无法传递的内容，回答参会者的所有问题，根据问题补充没有提到的信息。

如果有明确的受害者，对接人负责描述对方的情况：情绪状态是否稳定？有没有提出明确诉求？是否还有其他受影响者？

如果是网络舆情，监测专员要汇报目前的舆情走势、代表性观点、参与讨论的 KOL 和媒体情况等。

3. 分析讨论

对发起人、受害者、事实细节、危机类型、技术分析等要素进行分析，完成预判分析报告，并提出建议行动计划。

案例 2-1 某奶茶品牌某门店白开水卖 10 元事件，可能的建议行动方案：

- 感谢那位女士和网民的提醒，帮助品牌提升服务水准。
- 官方账号宣布：全国门店白开水不要钱。这次事件是公司加盟管理制度、耗材管理制度和服务标准有问题，公司会马上整改。门店将会提供一批一次性纸杯，供给有特别需求的顾客。
- 店内员工没问题，他们照章办事，合法经营。这次事件是总部管理问题。如果店内员工因此遭受质疑和攻击，公司予以安抚和慰问。
- 品牌欢迎公众和网民多提意见，释放善意。

本章要点

1. 组织内要有事先确定的危机响应预案，来自事先进行的危机战备规划。
2. 危机的黄金响应时间是 20 分钟。
3. 危机管理中有 9 个重要的时间点，分别是危机发生前的 90 天，以及危机发生后的 20 分钟、1 小时、6 小时、24 小时、72 小时、7 天、90 天和 180 天。
4. 组织内需要达成共识，有坏消息第一时间要告知危机负责人。
5. 危机响应的沟通系统需要提前确认，包括线上常设会议室号码或常设危机响应微信群、线下可随时征用的会议室、参与人员微信号和手机号码。
6. 创建舆情监测系统，确保外部关于公司的坏消息无遗漏，坏消息能被及时看到。
7. 在危机诱因中，90% 是经营性危机，5% 是价值观危机，5% 是议题危机。

◉ 反思与行动

1. 你所在的公司,是否患有波斯信使综合征?如果是,该如何破解?
2. 你所在的公司,信息链建设是否链路清楚,传递通畅?如果不是,阻碍在哪里?打通淤堵,你需要做什么?你需要寻求什么资源帮助你实现这一目标?
3. 你所在的公司,是否已经有达成共识的危机战备预案?运转是否顺畅?当某一类型的"意外"事件来临时,是否所有人都有不言自明的行动默契,无须沟通就能自动进入角色行动?
4. 当"意外"事件出现时,你如何预判和定性问题类型?你是否可以穿透事件,抵达议题的深层?

| 第3章 |

R：
评估影响，预判风险

认知清单 4：关怀人是危机管理的核心

危机的本质：出现受害者

人的生命、尊严和境遇，永远是人们关切的核心，也自然是危机管理的核心。

危机中的人和组织中的个体一样，面目模糊，角色单一。受害者、肇事者和替罪羊最常被当作角色谈论，而不是一个活生生的人。

危机管理涉及个人、组织和社会三个层面。组织层面被讨论得最多，个人只有成为热点事件当事人，才会被放到聚光灯下打量。除此之外，危机中的个体很难被关注，声音也很难被听见。

专著中的危机定义多为组织视角。比如，胡百精教授认为：

> 危机是由组织外部环境变化或者内部系统失常造成的，可能会破坏正常发展秩序和目标，要求组织做出紧急决策、响应和行动的威胁性事件、状态或结构。[一]

这是组织视角的危机定义。转换到个人视角，危机中的主体是人，而不是组织。每个危机里都有一个个鲜活的个体。

所有的行动都是由个人做出的。一连串不间断的单独行动组成一个事件，一系列的事件组成一个危机。每一个危机都会推进社会进步和对真善美的持续追求。

把颗粒度细化到个人，对理解和解决危机至关重要。比如，如何思考危机的发起人？

公关负责人会本能地展开内在对话：

- 这个人是不是碰瓷的，是不是职业打假人，是不是媒体的卧底，是不是黑公关，是不是竞争对手派来的？
- 这人处心积虑地闹事，拿产品的小瑕疵大做文章，到底是什么居心和动机，我们怎么样能够解决问题？
- 这个人有什么背景？他是政府工作人员、媒体记者还是自媒体的大 V？
- 这个人留下电话或者身份信息了吗？

把人视作问题、麻烦、灾难的根源和起因、公司的风险、社会的不稳定因素，是习以为常的思维模式。每一个起心动念

[一] 胡百精. 危机传播管理 [M]. 3 版. 北京：中国人民大学出版社，2014.

和判断，都没有把危机中的人当人看。可以佐证的是，很多讲谈判和沟通的书都命名为"如何与麻烦的人打交道"，都是把人作为一个有待被解决的麻烦或问题。

在我的职业生涯中，经历过从媒体人到职业经理人这一身份的转换。媒体人悲天悯人、关注弱者，铁肩担道义，妙手著文章。进入企业，角色转化为维护企业的根本利益和品牌声誉，看似有 180 度的反转，其实底色犹存，对人的关注一以贯之。

我更愿意把危机中的人看成我们身边的普通人，他跟我们的父母、兄弟姐妹、亲戚朋友、同事没有什么两样。

作为危机当事人，他们有痛苦、有挣扎、有愤怒、有无奈、有懦弱、有恐惧、有焦虑，也有贪婪、有狡黠、有恶念。

他们有自己的利益诉求、动机，他们希望有人伸出援手，不希望自己的利益受到损害。他们不希望自己的情绪没有得到正当的对待，问题没有得到妥善的处理；他们不希望被羞辱；他们不希望在消费一个品牌时带来一肚子气；他们受到伤害，要寻求安慰和回报；他们遭受了损失，也希望得到补偿。

他们就是我们，我们就是他们，只是危机把彼此放在了看似对立的位置上。你有过消费维权的冲动和经历吗？你有过怒气冲冲发个朋友圈声讨商家的行为吗？你有过面对另一个组织的生硬冰冷而无可奈何的时刻吗？

我有过，相信你也有过。

公关要学会换位思考和有同理心。站得离受害者更近一些，离公司更远一点，是公关人应有的姿态。但绝大多数人都不理解，因为如果公司的愿景、使命和价值观不支持如此行事，也很难被公司所接受。

比如，人力资源（HR）办理员工离职事宜，虽然是既成事实，员工不走不行，那么 HR 是不是可以尝试这样做：

- 在面谈时，多一点点体谅和遗憾，公司力所能及地提供一些便利。
- 疫情期间离职的伙伴来不及到办公室收拾，可不可以帮忙打个包、发个到付快递？
- 表示乐于提供后续加入新公司时的背景调查。
- 亲口感谢和肯定他在职期间做出的贡献、对公司的价值。
- 能够陪同他到前台，代表公司和他告个别。

回到人的维度上，处理危机的思路就会不同，落脚点也会不同。

我最欣赏的危机定义来自美国危机管理顾问卢卡谢夫斯基：

简单地说，危机是受害者突然、意外的出现。(Simply Put, crisis is the sudden, unexpected creation of victims.) ⊖

这是人本主义倾向的定义。如何对待危机中的人，你只需要问自己一个问题：如果我是他，我想如何被对待？

思考题 3-1　如果你是危机的受害者

1. 一个事件成为危机的标志是受害者的出现，一个危机处理的核心因素是受害者管理。你如何看待这种观点？
2. 找一个你处理过或者熟悉的危机事件，把自己替换为当事人，设身处地地思考：你会怎么想，怎么做？你会出现哪些可能的情绪，你会采取什么行动？你希望得到什么反馈和回应，你想要什么？

⊖ LUKASZEWSKI J E, NOAKES-FRY K. Lukaszewski on crisis communication : what your CEO needs to know about reputation risk and crisis management[M]. New York: Rothstein Associates Inc., 2013. 来自该书第 10 页，原文为英文，已翻译。

受害者难以被"管理"的 3 个原因 ⊖

受害者是难以被"管理"的,有以下 3 个原因。

1. 受害者行为是非理性和无法预测的,管理是理性经济人假设

受害人在利益损失的情况下,情绪激动,生活状态失去平衡。用理性经济人假设去推断,未必奏效。受害者表达愤怒,而危机管理团队只是在从事一项工作。回到受害者视角去看问题,就会避免理性经济人假设的诅咒。

2. 管理本性是趋利避害、忽略情感

管理者耻于被指出错误和被指责不负责任。在商学院和商业社会中,道德伦理、同理心以及关注情绪的训练和学习并不是很多,因为这与金刚怒目的管理权威是相违背的。

传统的管理者会营造严肃、不苟言笑、雷厉风行的"权威感"。富有同情心的管理者则被认为不够专业、软弱、婆婆妈妈,是失败的"管理者"。

但是,在危机中的管理者,如果对外表现出权威感,只会让个人或企业显得傲慢、冷酷无情。能够与受害者共情的管理者,才有机会解除危机。

3. 不能被测量的情绪,不重要;可以被谈判的条件,才重要

很多公司的 CEO 在咨询中都会直接问我,你觉得对方想要多少钱?直奔主题是高效的,但是情绪处理是需要感知和缓

⊖ 其实我并不喜欢用"管理"这个词,因为它透着管理学的傲慢和自以为是,人性是无法被管理的。但是在一本管理应用类的书中是这样写的,只好暂用。

解的。极寒之下的冰河融化需要春风，硬碰硬只会带来两败俱伤。

成为受害者：你我都有可能

受害者是在危机中利益受到损失的人。受害者通常是指个人。群体受害者可以分解为每一个具体鲜活的人，他们是：

- 被裁员的企业员工。
- 由于产品问题导致人身受到伤害的消费者。
- 由于公司丑闻，股价大幅下跌而利益受损的股民。
- 买到假冒伪劣商品的消费者。
- 遭受性别歧视或地域歧视的人。
- 由于社区附近修建垃圾焚烧填埋场而受到影响的居民。
- 在线教育机构破产后无法追讨回大额预缴学费的家长。
- 天灾或人祸中丧失孩子的家长。

受害者也可能是无行为能力的婴儿、动物或生灵——被家长虐待的婴儿、被残忍对待的猫狗、被猎杀的藏羚羊和珍稀动物。无法发声和申告的他们，往往由社会舆论、团体、法律机构作为代言人主张权利。

不要以为后者就无足轻重，弱者往往会获得更多的社会关注和同情。

受害者的利益损失最大，情绪最激烈，发起危机的动机最强烈，追责和死磕到底的斗志也最强烈。

所有危机分析中关于利益相关者的第一步，都是分析最重要的受害者。

- 他们是谁？在哪里？他们如何被卷入这个事件？

- 他们受伤害的程度如何？
- 财务损失、身体伤害和精神伤害分别有哪些？
- 他们是否已经无法再与公司谈判，而需要委托代理人？
- 他们目前是已经在医院救治，还是等着公司的财务救助？
- 他们提出了什么样的诉求？

每个人都可能成为受害者，注意品牌公关人的双重角色——既是代表组织的机构人，也是代表个体的自然人。我们也有父母妻儿和亲戚朋友，要做到感同身受。

成为受害者意味着什么

一位顾客在某家餐厅吃饭，因为食品卫生问题导致腹泻甚至肠胃炎。作为受害者的他，会遭遇什么？

- 利益受损，表现在身体上、情感上或者经济上。
- 肠胃不舒服，在家上吐下泻，需要去医院检查治疗，身体难受。
- 无端中招，心情郁闷，找商家交涉，商家未必认账，受害者情绪波动起伏。
- 花钱看病，耗时费力要说法，请假导致收入减少甚至领导颇有微词，经济上得不偿失。

生活失去平衡，按部就班的生活状态被打破：

- 工作无法继续，要请同事或领导代劳，求助他人，情谊难偿。
- 找商家交涉，可能遭遇不认账或踢皮球，还要留存证据，绞尽脑汁思考对策战术。

- 去政府监管部门投诉，要说明情况、提交证据、表达诉求，还要跟进进度，约见面谈。
- 找媒体爆料或者自媒体发稿，要四处尝试，寻找最佳渠道，还要注意留有余地，不至于官司上身。
- 每天往返于家、监管部门、商家、医院之间，筋疲力尽。
- 如果是异地处理，家里还有上学的孩子和年迈的老人，简直分身乏术。

在我的实践经验中，危机中的受害者大都是处在这些麻烦中焦躁愤怒的普通人。

受害者心理危机的 3 个阶段：爆发期、处理期和恢复期

1964 年，心理危机干预理论创始人卡普兰（G. Caplan）提出"心理危机"的概念。当一个人面临超越自身能力的困境时，如果支持系统不足，他就会产生暂时的心理困扰，这种心理失衡状态就是心理危机。

危机中受害者的心理危机会经过以下 3 个阶段：

- 事件的爆发期。受害者感到震惊、懊悔、痛苦、愤怒、焦虑、无助。损失突如其来，可谓无妄之灾、飞来横祸，令人难以置信。这个阶段只有受害者独自面对。
- 事件的处理期。根据处理的走向和应对的方案，受害者的心理状态、心理感受跌宕起伏，愤怒、不满、被侮辱、疲倦、欣慰、庆幸，不一而足。这个阶段的决定因素是受害者和组织危机应对处理者互动的质量、效率和结果。
- 漫长的恢复期。生活表面恢复常态，损害留下的伤痕仍隐隐作痛，余波尚未散去。这个阶段的决定因素是受害者独自面对危机的心理承受能力和伤痛恢复程度。

受害者心理危机干预的 8 个核心行动

严重的心理危机需要进行干预和心理辅导，给处于危机中的个体提供有效帮助和心理支持，主要领域包括残疾、自杀、性侵害、灾难等。理查德·K.詹姆斯和伯尔·E.吉利兰提出对个体进行心理危机干预的 8 个核心行动[⊖]：

- 接触与参与。
- 安全与抚慰。
- 稳定（若需要）。
- 收集信息：当前的需求和担心。
- 提供实际帮助。
- 衔接社会支持。
- 提供应对信息。
- 与协作服务联系。

把以上理念运用到受害者管理中，我总结出善待受害者的 13 个关键点。

行动清单 5：善待受害者：如何应对情绪激烈的受害者

爆发期：应对情绪的 6 个关键点

看到、厘清、理解受害者所有的情绪。如果这是一枚情绪炸弹，就要把多个弹头拆解清楚，认清这些情绪分别是什么，给它们命名，判断每种情绪应该如何回应，如何转化。

食品安全事件的受害者，情绪因素可能有：

⊖ JAMES R K, GILLILAND B E. 危机干预策略：第七版 [M]. 肖水源，周亮，等译校. 北京：中国轻工业出版社，2017.

- 震惊：到底伤害有多严重？
- 难以置信：怎么偏偏是我？
- 懊悔：这么多品牌为什么偏偏选了你们！
- 愤怒：我是你们家的常客，我是金卡会员，你们就提供这种服务吗？
- 无助：打投诉电话没人接，找店长说不在，找媒体爆料说这件事情太小不值得报道。
- 恐惧：不会留下后遗症吧？
- 担忧：这伤害让我以后怎么办？品牌不会翻脸不认账吧？

受害者的无回应就是品牌危机的绝境。只有明确受害者的情绪，才有机会与受害者对话和互动，才有可能实现共情和理解。

如何应对受害者情绪激烈的情况，可以注意以下6个关键点：

- 冷却冲突现场。请对方坐下来，给他倒杯水。如果是在营业现场，分隔开受害者与普通消费者。
- 请对方说明情况。不要说，你不要这么激动，而应该说，我明白您现在很激动，我也想解决这个问题，现在您能告诉我发生了什么事情吗？
- 积极聆听。鼓励受害者说出他受到的伤害，不要打断他，共情聆听、感同身受，家人般的倾听和安慰是关键。
- 保持冷静客观。受害者针对的是公司的产品和服务，而不是危机处理的协助者。如果对方无法冷静，你可以沉着坚定地向其解释，只有提供清楚的相关情况，才有可能帮助他。

- 不要立刻道歉或承认错误。在事实不清、公司尚未授权之前，不能代表公司承认错误。
- 不要表态。告知对方你的能力范围，并且表示超出权限的部分，你会马上上报。事情公司会跟进到底，不会推脱。

处理期：满足补偿的 5 个关键点

补偿可以分为身心补偿和经济补偿。经济补偿决定身心补偿的感受。

损害已经发生，情绪也被看到和理解，随后是实际行动。

所有的医疗费用、误工费、伤残费、护工费、营养费，这些直接损害费用按照法规和协商给付。如果是异地，家人赶来照顾的住宿费报不报？这些问题也要考虑。

这一阶段的核心是：

- 补偿态度是带着歉意的诚恳，还是居高临下的嫌弃？
- 补偿方案是良好协商达成共识，还是持续拉锯讨价还价？
- 补偿行为是快速高效，还是姗姗来迟？
- 补偿结果受害者是否满意。

这个阶段最容易谈崩[^1]，因为涉及真金白银，以及在责任认定和提供赔偿时可能会出现较大的争议。

这个阶段的处理有以下关键点。

有理有据

任何补偿的提出都要有理有据，避免受害者狮子大开口，

---

[^1]: 在谈话或讨论中说不清楚而遭到失败。

也避免难安其心。

比如人员伤残鉴定，要依据2017年1月1日起施行的，由最高人民法院、最高人民检察院、公安部、国家安全部和司法部联合发布的《人体损伤致残程度分级》标准。

该标准根据损伤后人体功能丧失比将伤残等级划分为一级至十级，一级为人体功能丧失100%，十级为10%，每级之间相差10%。赔偿金具体计算方式如下：一级伤残为上一年度城镇居民人均可支配收入或者农村居民人均纯收入标准乘以20年再乘以100%，二级伤残则乘以90%，依此类推，九级伤残乘以20%，十级伤残乘以10%。

照此可以商议出来一个基本标准金额，双方在此基础上进一步商讨。

第三方介入

在出现争议时，寻找权威的第三方比较合适。还是以人员伤残鉴定为例。以民事赔偿为目的做伤残等级鉴定，受理鉴定的机构通常分两种。

第一种是司法鉴定机构，一般设立在市一级城市，鉴定类别多的机构叫司法鉴定中心，鉴定类别少的机构叫司法鉴定所。司法鉴定主要是针对公安或法院审理用。

第二种是劳动能力鉴定委员会，这种机构专门为符合工伤认定条件的或被认定为工伤性质的伤者做伤残等级鉴定。

在做伤残鉴定之前，要做伤情鉴定，一般依据医院的诊断证明或病历。

在危机的处理阶段，越早让第三方介入，越有利于事情快速稳妥地解决。

情理兼容

既要给受害者讲道理,还要顾及受害者的情绪。

如果受害者因为品牌的原因导致伤残,尽管事实上给予了对方法理上的赔偿,但也要认识到,赔偿只是对无法挽回的伤害的弥补。有些损失永远回不来了,比如在危机中死去的人永远无法起死回生。这份情感上的丧失,需要在处理阶段给予受害者充分的尊重和理解。在言语和心态上切不可有"都已经赔偿了,你还想怎么样"的想法和举止。否则,可能触发受害者或家属的内心伤痛,共识断裂,之前的工作毁于一旦。

适度让步

作为品牌方,永远保持适度的让步,是应有的担当,毕竟受害者作为个体,是弱者。但是度在哪里?这时考验的就是协助者的智慧和领导力了。

我以前的上司,西贝餐饮集团的创始人贾国龙有过一个说法,特别形象:双方计算利益就像下棋,在棋盘上撒一把豆子,压在中间线上的就给弱势的一方,也就是受害者一方。

保持沟通

永远不要因为任何原因中断沟通,随时同步事件的进展、内部的决定、流程的步骤和下一步的动向。

在每一次与受害者的沟通结束后,不管结果如何,都要确定下次沟通的时间和契机。

发生重大争议时,要保持冷静,不激怒对方、不锱铢必较,而是延后择机再谈。

在组织内部向上争取资源时,讲清楚权衡之下的方案选择,不要让 CEO 觉得你过于忍让或成本巨大。

任何谈判的破裂，都会导致情绪和诉求的外溢。我处理过的案例中，就有因为争议导致谈判破裂，对方在社交媒体发文抨击品牌，造成舆情的升级。这是惨痛的教训。

恢复期：陪伴治愈的 2 个关键点

对于品牌而言，处理期结束，似乎就是终结了。对于受害者来说，他才刚刚开始进入漫长的恢复期，可能是 3 个月、3 年，也可能是一辈子。

这期间，品牌能做的、可以做的，十分有限，关注两点就好：

- 确保承诺的赔偿交付到位，不要出现承诺的赔偿在后续无法实现。
- 保持与受害者的联系，直到对方已经不再希望你联系为止。

这部分做好了，就不太会出现反复期或波动期。当然，我也遇见过出尔反尔的受害者，双方协商好的金额和条件，交付后，又三番四次地提出更高要求。如果品牌已经仁至义尽，这就只有交给司法机关裁决了。

看完本节的内容，你觉得自己是否准备好了与受害者进行良好的沟通？你是否具备与受害者沟通需要的 6 种技能？

- 有同理心和共情能力。
- 心理韧性和复原力强。
- 善于聆听和回应。
- 具备沟通技巧。
- 有耐心、不评判。

- 理解自己的权限和边界。

行动清单 6：经营影响（BIR）分析模型

在美国"卡尔·文森"号核动力航空母舰的一次作战演习中，一名海员向空军上司报告，他丢失了在甲板上使用的工具。演习立刻停止，所有飞机转飞陆上的基地。舰长命令数百名机组人员组成搜索编队，搜寻甲板上的每一寸地方。最终，工具找到了。

第二天，航空母舰举行正式甲板仪式，表彰报失的海员，尽管该海员的失误造成如此大的损失。[⊖]

为什么一件工具的丢失会中断一次航空母舰上的作战演习？甲板上有松动的工具，正在着陆的飞机发动机很容易将其吸入，发生爆炸并造成严重破坏。如果产生连环爆炸，还可能引发核爆炸。

为什么要公开表彰出错的海员？表彰向组织全员传递了一个强有力的信号：发现小错误，立刻报告。即使最微小的错误，在复杂紧密耦合的系统中，停下来改正，都会防止更大的灾难发生。

当下组织的复杂程度和关联影响，有时候可能超出 CEO 和资深管理者的经验。动态变化的危机对组织的表面影响显而易见，但是深层次的、长远的、潜在的影响往往隐而不彰。

比如，连锁加盟业态的一小部分加盟商对总部的抽成比例产生怀疑，怀疑扩散后，会带来更多加盟商的反对。

⊖ LANDAU M, CHISHOLM D. The arrogance of optimism: notes on failure-avoidance management[J/OL]. Journal of Contingencies and Crisis Management, 1995, 3(2): 67-80.

又如，产品质量的召回事件，不仅会影响当期产品的销售，还会产生反向物流费用、消费者诉讼、对其他产品不信任而连带销量下滑、股价下跌等影响。

进行组织经营影响分析，可以：

- 减少：可能的业务损失、经营的混乱、组织资源的消耗、响应的决策速度，以及危机结束后的恢复时间。
- 提高：组织的反应能力、对企业的财产和人员的保护、企业恢复业务和经营的速度、企业满足监管合规要求、组织在响应危机时的协同能力和团队的凝聚力。

危机发生是否会对企业运行的关键业务产生致命影响，是最关键的分析。云服务商的服务器宕机，物流服务商的运输工具损坏，手机制造企业的芯片等关键配件断货，都是关键业务和关键要素。

这是董事会和CEO最关心的事项，危机管理团队也需要将其纳入评估，并且最好在决策会议开始之前完成。

经营影响分析的基本方式是自上而下和自下而上，由企业各部门和各业务单元进行预测和确定，主要分为经营分析（Business）、影响分析（Impact）和补救分析（Remedies）三部分，美国危机管理学者罗伯特·希斯将其简称为BIR分析[⊖]。

经营分析

经营分析要求各部门和业务板块描述其经营范围内的经营功能，涉及：

⊖ 希斯. 危机管理[M]. 王成, 译. 北京：中信出版社, 2001.

- 经营规模（包括生产规模、销售收入、员工数量、顾客数量等）。
- 本单位的主要经营目标或功能（如销售额指标、客户保留率等）。
- 本单位的其他经营目标或功能。
- 承担企业的主要生产过程或业务方面。
- 完成主要生产过程所需的设备、设施、原材料、场所、资金、人员等。
- 为持续经营而对其他部门、外部供应商的依赖程度。
- 其他部门为完成任务而对本部门的依赖（如产品部门对渠道部门的依赖，门店对供应链的依赖等）。

这些资料有利于我们了解清楚组织内各部门之间的相互依赖程度，使我们能够确认组织可以正常运行的关键要素，并发现潜在的症结。这些资料还可以明确资源和关注度分配的优先次序。

影响分析

使用经营分析中收集的资料进行影响损失评估，估计物理和虚拟、时间或财务的损失，并聚焦于关键业务。问题涉及：

- 对关键业务可以接受的损失预估（最低和最高限度），如账上现金流可以支撑最低业务运转的天数。
- 已确认的主要业务活动或生产过程受到的影响。
- 以上预估和影响带来的具体损失：
  - 年度收入的影响（亏损）。
  - 不能履行现有合同的损失。
  - 违反政府监管规定而造成的处罚及其后续牵涉的损失。

- 经营损失（及有关名誉损失）。
- 支付供应商原材料的费用。
- 额外增加的经营费用（包括场所租金、闲置设备、人员工资等）。
- 对公众及顾客的影响。
- 对股票价格的影响。

这方面的资料有助于使资源配置策略更加精练，也能突出在危机情境下相关的公共关系或法律情况。

补救分析

为了避免以上影响，需要采取补救措施，包括现有的和已有的策略。问题涉及：

- 潜在的缩减损害行为（包括相关的资源费用、人员费用等）。
- 公司的各类保险能够覆盖的损失，如火灾保险、员工伤害保险和第三者责任险。
- 可以抑制或减少影响的反应措施，如转移订单到其他生产厂区。
- 现存的、需要内外部支援生产的反应和恢复策略，包括支援方的名称、估计费用和预计交货时间等。
- 恢复策略包括提供充足的设施、设备、人员或其他资源，用于危机响应和恢复期。

在补救分析中收集到的资料可帮助评估团队，明确当前形势。这些资料还有助于形成管理层所需要的反应和恢复策略以及所需的可能获得的资源。

案例分析 3-1：油价下跌危机对石油行业的经营影响分析

以石油行业遭遇油价下跌为例，分析其系统性影响（见图 3-1）。⊖

油价下跌的危机爆发会带来业务停滞、收入下滑和利润下降等直接影响，也就是图中 1~4 的阶段。

利润下滑会造成公司业绩压力增加（5）。例如，该公司在财政困难年度、在 IPO 冲刺之前、在业务大调整的背景下，或者在新冠肺炎等社会性背景危机下，压力就会导致削减预算（6）或经营混乱/业务缩减（15），为了赢得业绩就可能会不择手段。

而危机爆发会导致组织结构和业务调整（13），造成人心惶惶、业务量波动，会带来管理混乱（14）、雇用不胜任的员工（16），从而导致业务缩减，出现裁员/降薪/关键岗位人员流失（8）。

团队消极怠工/故意破坏/士气低落（10）和责任心与职业道德沦丧（9），叠加经营和管理混乱、预算削减，危机再度发生的可能性增加（7）。

以上危机中出现的混乱失序，被媒体报道（11）后，导致公司声誉受损（12），这又会带来新一轮的组织结构和业务调整（13）。

危机的系统性影响是深远和相互关联的，只有看到全貌，才有可能理解和应对。

⊖ 根据米特罗夫的模型修改。原图见 MITROFF I I, ANAGNOS G. Managing crises before they happen: what every executive and manager needs to know about crisis management[M]. New York: AMACOM, 2005: 139.

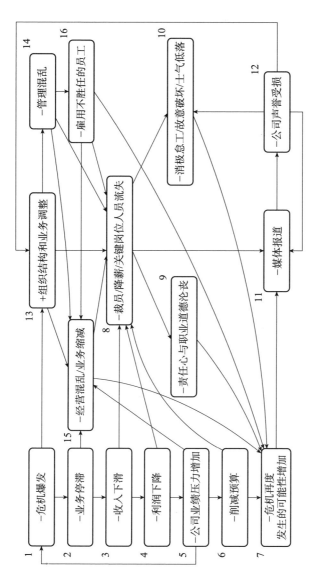

图 3-1 危机的系统性影响分析

思考题 3-2　你可以测算出危机的风险成本吗

1. 你是否意识到你所在的组织有哪些潜在的风险成本？
2. 你所在的组织在最近一次危机中付出的经济成本是多少？这些风险为什么没有事先被准确评估和周知？

行动清单 7：利益相关者影响（SIR）分析模型

继续以鸭血事件[⊖]为例。

鸭血事件包括董事长和总裁在内的处理小组共 8 个人，分 3 种意见。第一种意见是不要表态，我们先看看这个事件往后怎么发展再做决定。第二种意见是现在不要表态，因为没有调查研究就没有发言权，我们现在表态，后面可能会尴尬。我持第三种意见，知道多少说多少，做了什么说什么。我的职位也没那么高，只是总监，其他几位是副总裁、总裁、董事长，所以三方发生了很大的分歧。

但有分歧的时间很短，我力排众议，很快就获得了董事长的认可，我们达成共识：必须回应，先出声明，配合调查，坚持品质就可以。

焦点时刻（3月15日）、顶流媒体（中央电视台）、食品安全（一级社会议题）、热搜级别（舆论声量顶流），这些都是必须回应的。

该事件的利益相关者有 6 类：

- 消费者，尤其是曾经购买或品尝过鸭血产品的消费者。

⊖ 本案例为笔者在 2015 年中国食品安全年会上的演讲稿。本演讲稿详细拆解了 72 小时内危机响应和处理的全流程，是一手的企业内部复盘视角。该案例会完整贯穿危机响应这一部分，全文 6000 字，查看完整案例请关注微信公众号"友声誉"。

- 对食品安全议题关注和焦虑的公众。
- 政府监管机构。
- 可能引起行业性伤害的火锅行业和鸭血生产企业。
- 持有公司股票的投资者。
- 媒体。

危机对每类利益相关者会产生何种影响，可以从利益相关者（Stakeholder）、影响（Impact）和补救（Remedies）三部分予以分析，简称 SIR 分析。

利益相关者分析

这是从利益相关者的观点来审视企业的经营功能，也就是利益相关者如何影响组织的经营活动。问题涉及：

- 利益相关者的类型和规模，如上面提到的 6 类利益相关者。
- 对于每组利益相关者而言，组织的主要经营目标或功能是什么？危机爆发后，消费者会暂时取消去门店消费，导致部分门店的销售业绩下滑。
- 对于供应商而言，采购进货量锐减，已有的产能就需要寻找新的品牌商予以消化，避免滞销和停产。
- 每组利益相关者的相互作用。媒体的进一步报道会影响消费者到店消费的意愿，也会对监管机构的调查进度带来舆论压力。
- 每组利益相关者为了完成任务，所需的系统、设备、设施和原材料。媒体需要连续不断地追踪报道来维持热度和收视率。
- 其他利益相关者为了完成他们的目标，对组织产生的依赖。比如急于得到真相、担心食品卫生和安全的公众，希望从企业那里得到确定的结果，以缓解外出就餐安全的焦虑。

影响分析

这主要涉及对利益相关者影响的具体分析。视情况不同，如果能邀请相关利益相关者加入分析，是最理想的状况。例如采购和供应链邀请供应商参加分析会，介绍在采购量减少 50% 的情况下，对供应商的系统性影响有多大，具体的量化数据是多少。

主要的问题涉及：

- 对影响可接受的（经营损失、停工期、股价下跌）最低限的估计，比如对于投资者而言，股价下跌 10% 还是 30%，会导致其抛售。
- 对影响可接受的（经营损失、停工期、调查期、采购量）最高限的估计，比如对于采购量骤减 50% 的情况，供应商告知能承受 1 个月，再超出部分，就要索赔和终止合作。
- 政府监管机构遭遇的挑战和压力，比如上级主管部门要求在 3 天内拿出调查结果的行政压力。
- 媒体遭遇的挑战，比如监管机构公布与媒体调查相左的结果，对媒体权威性和可信度的名誉损失。
- 对一线员工的影响，比如遭遇顾客询问该事件真相的说明，比如部分顾客要求退款赔偿的诉求，由此带来的沟通工作的增加和可能的成本增加。

理解对利益相关者的影响，才能更有效地选择接下来的补救措施。

补救分析

　　如何对之前分析得出的利益相关者进行弥补，问题涉及：

- 对于每组利益相关者而言，减少影响的行为（包括相关的、能够评估的资源费用、人员费用等）。比如将采购业务转移到其他区域；比如帮助被裁撤的人员介绍猎头服务；比如发布危机应对措施和声明，增强对投资者的信心。
- 对于每组利益相关者而言，组织即将采取的反应和恢复策略。比如增加组织食品安全措施的披露范围和深度，以增强人们消费的信心；比如加快内部反应速度，支持媒体记者更高效地获取信息，报道事件的进展。

　　结合组织的经营影响分析和利益相关者影响分析，得出组织的整体影响分析报告。

　　在操作中需要注意的是：

- 邀请内外部利益相关者加入，而不是危机管理团队闭门造车地臆想推断。
- 采用头脑风暴的形式，不必遵循固有的模式。
- 想到什么就写下来，随后再找与事件的关联性和对事件进行量化分析。
- 面对未来不明的局势，参与探讨本身就会降低群体焦虑，凝聚组织内外的力量。
- 收集意见的过程与结果同等重要，尤其是利益相关者会感受到重视。

影响分析会加深彼此的理解，危机对组织有系统性和深远性影响。

案例分析 3-2：博帕尔灾难中的利益相关者分析

1984 年 12 月 3 日凌晨，印度中央邦博帕尔市贫民区附近的博帕尔农药厂发生氰化物泄漏，造成 2.5 万人直接死亡、55 万人间接死亡、20 多万人永久残疾。而幸免于难者几乎都有呼吸问题，无法从事重体力劳动。博帕尔灾难是人类历史上迄今为止最严重的化学工业事故。

该农药厂由美国联合碳化物公司于 1975 年创立，公司有年产 5000 吨高效杀虫剂的产能。工厂的主要原料是异氰酸甲酯（MIC），这种液体沸点只有 37~39℃，本身具有挥发性且易燃、易爆，燃烧时会产生氰化氢与氮氧化物等剧毒气体。只要有极少量气体短时间停留在空气中，就会使人感到眼睛疼痛，若浓度稍大，就会使人窒息。

事发当晚，在该公司例行的日常保养中，由于工人失误，导致有水流入到了装有 MIC 气体的储藏罐内，骤升的压力导致爆炸。毒气直冲云霄，形成蘑菇状气团，30 吨毒气迅速扩散。

与博帕尔地区星罗棋布的工厂形成鲜明对照的是，那些寥寥可数的医院以及医务人员极差的专业素养，这也是导致伤亡人数如此众多的重要原因之一。[⊖]

危机咨询顾问米特罗夫对该危机的影响进行分析，并绘制了利益相关者分析图（见图 3-2）。

⊖ 澎湃新闻."我没想再当个人"：印度博帕尔毒气泄漏事件 30 周年 [EB/OL]. [2024-02-06].

第3章 R：评估影响，预判风险　071

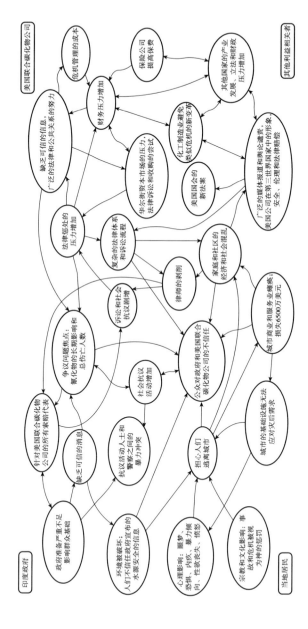

图3-2 利益相关者分析：博帕尔农药厂泄漏危机

资料来源：根据米特罗夫的模型修改。PAUCHANT T C, MITROFF I. Trans forming the crisis-prone organization: preventing individual, organizational and environmental tragedies[M]. San Francisco: Jossey-Bass, 1992: 36-37.

该图以印度政府、当地居民、美国联合碳化物公司和其他利益相关者为参照群体,分析了 27 种影响因素、101 个相互影响路径,系统全面地揭示了危机中的影响因素和相互作用。

当然,并不一定所有的组织都会遇到如此复杂的影响分析图,但是系统化思考能让所有人看到全局,为下一阶段的决策做好准备。

认知清单 5:不是所有的"意外"都是危机

在进入决策环节前,需要重新思考这个"意外"事件是危机吗?

从本书开头,我一直用的是"危机"二字,但"意外"事件并不等于危机。

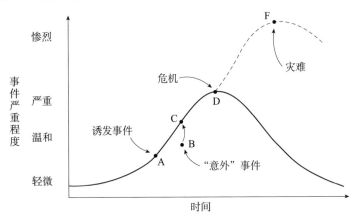

图 3-3 "意外"事件、危机与灾难

如图 3-3 所示,当危机的诱发因素为组织内潜藏的风险和问题时,A 点为诱发事件,对内而言一点也不意外。如果在从 A 点到 D 点的过程中问题得到解决,危机就会消散。

B 点为"意外"事件,往往多为价值观和议题类事件。如果该事件处理得当，B 点事件不会发展到 C 点。如果响应失当，并入危机发展路径，事件就会到达 D 点，成为危机。最惨烈的危机是 F 点，即灾难。

BC 路径（从 B 点到 C 点），决定"意外"事件是否会成为危机的诱因。

CD 路径（从 C 点到 D 点），决定"意外"事件是否会转化为危机。

图中可以看出 2 种倾向：

- 危机扩大化：把所有"意外"事件都视为危机，消耗过多组织资源。
- 将灾难错认为普通危机，贻误时机，导致品牌一蹶不振或彻底覆灭。

其中，第一种最为严重。

"意外"事件启动的是（应急）事件管理流程，危机启动的是危机响应流程。"意外"事件未必会升级为危机。对"意外"事件的响应失当，才会成为危机或者灾难。两者的区别如表 3-1 所示。

表 3-1 "意外"事件和危机的区别

区别	"意外"事件	危机
本质	一连串行为和随之产生的结果	威胁组织声誉或经营活动的重大事件
视角	客观	主观
概率	随机	极端（黑天鹅、肥尾效应）
诱因	经营问题（灰犀牛）	文化和价值观问题
处置	就事论事，不升级	升级

之所以叫"意外"事件，指的是出乎意料发生的事件。之

所以打引号，是因为事件本身可能是意外，也可能是你本来应该知道的不意外。你以为它是意外，才是意外。有警觉和本能的 CEO，他们心里有数，很清楚我说的这一点。

很多组织遭遇的"意外"事件都是灰犀牛类型的问题。这类问题一直存在，缓慢逼近，但是组织和关键管理者出于各种主客观原因选择忽视。这类问题一旦奔袭到眼前，叠加文化价值观或社会议题，就会酿成危机。

评价是否成为危机的标准是：

- CEO 会不会亲自过问甚至指挥危机处理。
- 危机战备规划确定的危机情境。

每个组织和领导者的耐受度和危机阈值不同。在 A 企业认为不过是公关负责人负责的事项，B 企业就要 VP 或者 CMO 级别的管理者负责，C 企业可能就要 CEO 亲自指挥。

CEO 亲自指挥有利有弊。弊端主要表现在占用了最宝贵的组织资源，以及公关团队丢掉了锻炼和成长的机会。

准确判断"意外"事件是否要升级为危机，成为危机处理的一个重要的前置判断。

是否升级为危机，还要把 CEO 脑海中的本能和警觉提取出来成为组织共识，固化为风险判断依据和流程处理环节。

实战锦囊　如何与上司确定危机是否升级

如果你所在的组织中还没有做过危机战备规划，也没有跟上司就什么问题要升级成为危机处理有过预先沟通，该怎么办？

我之前上司的管理风格各有不同，有的喜欢完全授权，只需要告诉他结果就好；有的事无巨细，希望我汇报清楚；还有的会直接给我下命令，让我去执行。每个公司和上司都不同，无法一概而论。

我的建议是：如果你认为这件事你不汇报和升级，领导可能会来问你，那你就直接升级汇报；如果你还是拿不准，那就直接去问领导，跟他达成共识。你可以问：您觉得哪一类事件应该升级向您汇报？哪一类事件我自行处理就好？按照上司给你的反馈来确定危机是否升级。

思考题 3-3　如何避免"意外"事件演变成危机

1. 找到一个因为回应不当，而把"意外"事件恶化成危机的案例。你亲身经历过的或者你所在行业的都可以。
2. 试着分析这个事件本来可以利用的转机是什么？
3. 这个事件中体现出什么样的企业文化和价值观问题？
4. 如果重来一次，你会选择怎么做？

◎ 本章要点

1. 危机管理的核心是人。
2. 富有同理心和共情地展开与受害者的沟通。
3. 善待受害者。
4. 学会预判组织风险的经济成本和其他成本。
5. 不是所有的"意外"事件都属于危机。
6. 只有对"意外"事件的响应得当，才能决定其是危机还是转机。

◎ 反思与行动

1. 请以你所在的企业最近遭遇的危机为例，思考可能面临的风险和影响,以及他们是如何应对的。
2. 请以你所在的企业为例,思考有可能遭遇的最大风险是什么?最严重的后果是什么?其中是否有灰犀牛类的风险?如果有,该怎么提前应对和准备风险预案?
3. 你是否能在危机来临时,预判最大的风险是什么?是否能做出精确的量化分析?
4. 你和团队是否了解如何与受害者进行沟通?

| 第4章 |

I：
决策并形成策略和行动

认知清单6：决策情境：安德斯雷的情境感知模型

没有人能够凭空做出决策，每个人都有内在的决策模式：有的是原则，比如以人为本；有的是信念，比如专业精神高于公司存亡；有的是恐惧，为了不毁灭赶紧去做些什么。

每个团队的决策，看似是群体决策，其实是个体决策的集合。

在危机的情境下，人们是如何理解情境并且做出决策的？

20世纪80年代，曾担任美国空军首席科学家的米卡·安德斯雷博士提出情境感知理论（Situational Awareness）[1]，认为情境感知是一个人对当前环境的感知以反映现实的准确程度。

该理论用于分析空战环境信息，并对当前和未来形势进行分析，最终做出相应的判断和决策。

情境感知的概念比较抽象。举个例子，天气预报就是一种"情境感知"。通过持续观测和分析，可以预测未来一段时间内的天气状况。如果预测到台风、暴雪等灾害，就可以提前准备转移人员、强化抗灾措施，降低灾害影响，这就是"情境感知"的目的。

个人如何做决策：情境感知的 4 个层次

如图 4-1 所示，安德斯雷认为，情境感知有 4 个层次：感知、理解、预测和行动干预。[2] 我用流行病和拼图游戏来说明这个过程。

1. 感知阶段

接收数据和信息。比如在流行病传播期间，看到的报告病例数、住院人数和死亡人数，以及医院床位和呼吸机等可用资源，这些都属于原始信息。

---

[1] 目前有两种翻译，计算机和网络学科翻译为"态势感知"，社会科学翻译为"情境意识"，本书侧重危机中的个体和群体决策分析，所以采用"情境感知"这一译名。

[2] ENDSLEY M R. Design and evaluation for situation awareness enhancement[J]. Proceedings of the Human Factors and Ergonomics Society Annual Meeting, 32(2): 97-101. BNRDICK B. Situational awareness: what the science says[J]. Presented at the Virginia Emergency Management Symposium on March 31, 2016, in Newport News, VA.

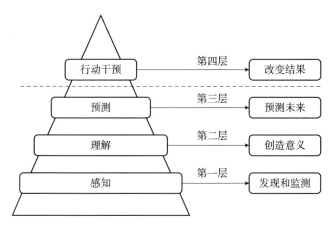

图 4-1 情境感知的 4 个层次

虽然决策者只能得到一些碎片信息,但随着时间的推移,更多的碎片信息会浮现出来。这需要具有相关知识、技能和洞察力的人,才能大致判断出我们要拼凑的可能是什么。如果我们获得的是错乱信息,后续的所有决策都是无根之木。

2. 理解阶段

读懂"数据和信息"的意义。当了解了该市的人口背景、社区数量、人口年龄分布、社区传播速度和广度时,原始数据就开始变得容易理解。比如,报告病例数和人口背景的关系,就能够推算出流行病蔓延的程度。

决策者开始将数据转化为信息。我们不再是看着各个碎片并将它们放在适当的位置,而是观察正在形成的残片,并将该图片与我们脑海中熟悉的图片进行比较,以理解正在形成的图片。图片虽不完整,但我们能够理解有限的图片。

3. 预测阶段

决策者选择决策模型,预测未来演变。尽管影响因素众多,不确定性也在增加,但是依旧可以部分真实地预测未来。

这时,决策者脑海中已经能够浮现出拼图的全景和终局。比如,流行病在该市传播的最终形态、感染人数、死亡率,并且由此推算出所需的资源。

4. 行动干预阶段

采取干预行动。这些行动有助于控制事件、减缓或扭转不利情况,并使事件朝着恢复的方向发展。比如,采取居家隔离措施、群体检测、社区居家的物资供应保障。这一阶段能够加快速度把图拼完,并且能够发现错乱,及时调整。

并不是所有人都能够抵达这 4 个层次,但是危机中的群体决策能够更容易地高效达成。

组织如何提升危机决策能力

情境感知模型和决策的互动关系如图 4-2 所示,所以要做危机演练,要做战备规划,要邀请经验更丰富的顾问参与,要形成公司的情境库。

影响决策过程的因素有 3 个:危机、组织环境和个人。

危机和组织环境影响决策的 4 个挑战和应对

危机和组织环境因素是外部因素,包括工作过载、压力、组织系统设计和复杂性 4 个挑战。

1. 工作过载

工作量会影响一个人进行情境感知、做出决策和行动的能力。在高负荷工作环境中,可用于思考流程、替代方案和潜在结果的时间比较少。

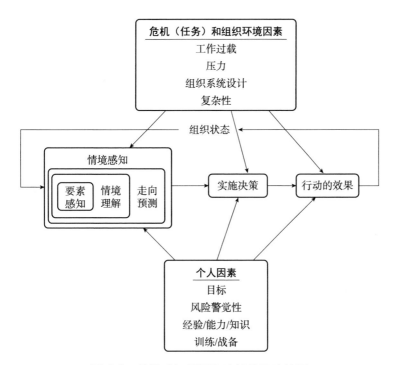

图 4-2　情境感知模型和决策的互动关系

资料来源：ENDSLEY M R. Measurement of situation awareness in dynamic systems[J]. Human Factors, 37(1) : 65-84. ENDSLEY M, GARLAND D. Situation awareness, analysis and measurement[M]. Boca Rqton : CRC Press, 2000.

应对之道：学会在危机中清空和独处。比如，每次会议前后都是我个人独处的时间，我需要一个人独处三五分钟，再展开独立思考。

2. 压力

压力增加可能会导致错误、过早决策和决策瘫痪等后果，让管理危机变得更加困难。

危机到来时，能力不足和资源紧缺是常态。没有能力处理、没有安静独立的空间、没有足够的人手（负责监测、写声明、核查事实、跨部门沟通、媒体和自媒体应对的人），尤其是在请求和分配资源方面，是我的咨询客户经常提到的紧缺方面。不敢去要资源，怕被上司认为能力不足，或者要了资源，担心没处理好，都是咨询客户的常态。

应对之道：领导经常问问团队，"你们需要什么资源支持"？这是我之前的上司经常问我的一句话。他还会建议，"要不要请咨询顾问帮忙，如果你能力不够的话"？

3. 组织系统设计

这包括组织系统和环境的设计。组织混乱会影响信息沟通和决策所需信息的清晰度。

应对之道：熟悉场景、危险、事件、基础设施、人员和潜在影响，可以通过增强情境感知来帮助决策者的决策过程。事先进行的危机战备规划和情景规划，是成功管理危机的关键。了解每类危机和情境的相关风险、潜在影响和后果，将有助于决策者做出明智的决策。

4. 复杂性

危机的复杂性会影响决策者管理危机的能力。

比如，一次关于火灾的危机决策。一座位于城市中心的老旧高层建筑发生火灾，建筑中有数百名居民，包括老年人、儿童和残障人士。火势迅速蔓延，烟雾弥漫，使逃生变得极为困难。应急救援人员抵达现场后发现，由于火势凶猛，他们很难进入建筑物进行救援。

救援决策面临的复杂性体现在多个方面。首先，保障人身安全。这需要立即采取行动来确保居民安全，但又必须考虑救援人员的安全。其次，要在火势继续蔓延之前尽快做出决定。

另外，需要协调多个部门进行救援，包括消防、医疗、警察等，以有效地处理这场灾难。此外，还需要应对媒体采访和自媒体直播干扰救援的进展。最后，还必须考虑建筑物是否有可能倒塌的风险、周边居民是否已撤离到安全区域、如何安置居民的临时住所、火灾原因调查和追责等后续问题。

比如，2010 年英国石油公司墨西哥湾漏油事件，当时的天气模式、洋流和潮汐不断变化、与陆地的距离较远、挥发性化学品和爆炸性环境的潜在危险、多个复杂利益相关机构的关系和期望管理，都增加了危机的复杂性。⊖

个人如何影响决策

个人因素包括目标、知识、经验和能力等。

- 统一指挥和行动计划可以帮助个人建立和协调目标。
- 知识、技能和能力可以在实战、培训中培养。
- 经验可以依赖，但是避免先入为主和照搬照抄。

提高情境感知和决策能力，需要实践练习，包括复盘研讨会、办公室桌面练习和模拟演练。这些活动会提供练习决策的机会，能够体验结果，并从真实案例中学习最佳的决策机会。同时，这些活动能够促进团队成员互相学习，并在宽容的环境中反思。

以下是练习中一些可以参考的关键点：

- 信息如何流向你？从谁那里来？来自什么系统？
- 支持决策的信息有效性如何？（例如，原始数据、解释

⊖ 新华网. 英国石油因墨西哥湾漏油事故被罚 208 亿美元 [EB/OL]. [2024-02-20].

数据、预测、来源的可靠性、及时性、准确性等。)
- 决策是否由正确的组织级别（即具有适当权力的最低级别）制定？
- 使用什么系统来传达实施决策？该系统的有效性如何？
- 使用哪些模型来预测未来？这些模型的可靠性如何？是基于理性思考还是数学模型？
- 哪些内部因素和外部因素对情境感知和决策的影响最大？

认知清单 7：决策迷思：抛弃完美，整合敏捷

危机决策的 5 个错误以及应对

1. **更多的信息和模型：危机决策的有限信息论**

   足够的信息 + 可接受的风险 = 足够好的决策

   过多的信息 + 风险厌恶 = 决策瘫痪

   信息长尾总是出乎意料得多，这在科学界司空见惯。

   2010 年，"国际海洋生物普查计划"完成第一个 10 年工作任务，来自 80 多个国家的 2000 位科学家负责记载和分类海洋中的所有生物。该团队仅在安哥拉海盆的 5.4 平方米内，就发现了 700 种桡足类物种（其中 99% 都很陌生），这个数字几乎是南半球该物种数量的 2 倍。⊖

   但是，危机决策不是科研发现，生物长尾不能代入事实长尾的情境，更不能无限搜寻。我们没有 10 年的时间，只有 10 分钟的时间决策思考。

⊖ 阿贝斯曼. 失实：为什么我们所知道的一切，有一半可能都将是错的 [M]. 赵晖，译. 北京：中信出版社，2013.

其实，我们只需要有限信息就可以开始进入决策。如图 4-3 所示，完美的危机决策在实战中既没时间，也没必要。根据经验判断，当现有信息足够时，我们就可以做决策，而不要等待信息继续堆积。

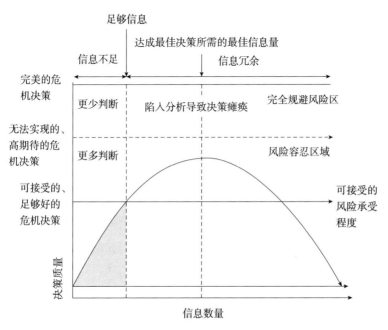

图 4-3　危机决策的有限信息论

资料来源：BOB C P. Crisis-ready leadership: building resilient organizations and communities[M]. NewYork: John Wiley & Sons, Inc., 2023: 82.

2. 期待完美："你的方案可以完美解决吗"

首先要破除的是决策的完美主义倾向，不管这种完美主义是来自企业文化，还是领导者的个性特质。如果总是期待更丰富的信息、更准确的分析、更低成本的投入、更小代价的胜利，那么结果必然是贻误战机。

3. 犹豫不决："让我们再研究研究"

危机的特性之一是具有不确定性，整体面貌模糊不清，这给清晰判断带来了挑战，犹豫也在所难免。"让我们再研究研究"是典型代表。不愿意承担决策带来的可能风险，不愿意面对可能失败的决策结果，或者因为担心影响过大而不敢下定决心，这些都有可能造成决策时犹豫不决。

4. 任性："我就这样干了，爱咋咋地"

因为压力、犹豫不决和期待完美，从而导致情绪化决策。"就这么干了，爱咋咋地"是典型代表。这是万般无奈下的妥协认命，还是情绪强烈的破罐破摔，我们要区分清楚。前者尚可，后者则需要警惕。情绪化的任性是组织决策的大敌。

5. 独立上路："我信我自己"

危机的偶发性、专业性和混沌不明，与组织内的常态决策和静态决策不同。此时，专家的价值就会显现出来见图4-4。在寻找解决方案的过程中，专家或顾问以可执行和可接受为出发点，快速趋近理想的解决方案，而内部决策和新手建议可能还在粗浅的迷途中缓慢探索。

我接触到的一些咨询案例，往往是响应前问我两句，实战开始，就告知我已经做好决定，准备开始行动了。等到响应酿成真正的灾难级危机，往往又回头来问我的意见。其实那时我也无力回天，只能在修复阶段着力应对了。

在决意驾车冲下悬崖的司机面前，你无法修复残骸和生命。除非在启动前，你已经开始检修了。

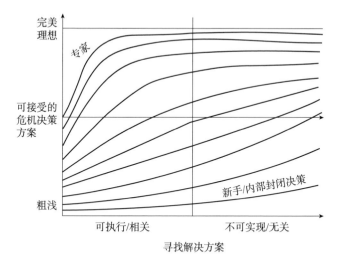

图 4-4 危机决策中的专家价值

资料来源：BOB C P. Crisis-ready leadership: building resilient organizations and communities[M]. NewYork: John Wiley & Sons, Inc., 2023: 80.

危机决策的 7 条原则

1. 提出好问题：如果受害人是你的孩子，你会怎么办

我经常问：如果受害人是你的孩子，你会怎么办？

我的一位上司常常问：在一小时内，我们能采取什么行动？

穿透现象看到本质，是最难的。非本质问题，例如把主要精力放在媒体删稿上。本质问题是如何马上减少危机伤害。只有聚焦本质问题，才能提出好问题。一个好问题会引领团队穿越沼泽。㊀

㊀ 加西亚. 从危到机：危机中的决策之痛与领导之术 [M]. 董关鹏，鲁心茵，译. 北京：人民邮电出版社，2020.

问题可能涉及具体的战术细节，也可能涉及重申的企业价值观，还可能引发意见的交锋和冲突。每个问题都带着各自的专业、信念和局限，也带来交叉多元的视角，让决策发散出无数的可能路径。

2. 合乎逻辑，前后连贯

决策的策略、行动、预期要前后一致，合乎逻辑。

比如在分析利益相关者时，决定要回应受害者的核心关切，决定要对公众公开道歉。但到了行动策略上，涉及承担多少费用时，又开始后悔提早承诺；到了撰写声明时，又不敢把事实经过和处理措施公之于众，而是含糊了事。这些都会导致决策的效率低下和无效，还会引发公众的信任危机。

3. 整合分析和直觉，引领主观和客观

决策是基于情境感知与之前的行动清单和认知清单步骤来推进的，但是又必须加上主观和直觉判断。

当你处理一个危机事件，觉得不太对劲时，就选择让直觉和主观来引领你。你不一定要全程理性权衡，情绪和事实本来就是危机处理的两个维度。

4. 足够好的决策只需要有限的信息和分析

小问题无须决策流程。需要决策的，往往是复杂艰巨的挑战。

有关键的少数信息，足够决策就可以，不要为了齐全和完美，增加团队的资料收集工作量。比如，涉及行业性普遍问题的危机爆发时，没有必要收集所有友商在这个特定问题上的所有资料。

5. 行动逻辑：简明、可行、敏捷

决策要明确清晰，不能模棱两可。

在实战中，有些领导害怕承担责任，不敢做决策。这类领导总会给出一些模棱两可的原则和方向，具体让下属看着办。下属一旦办错了，之前所说的那些模棱两可的话，就会成为领导自我申辩的借口。这类领导很难得到团队、下属和组织的尊重与信任。敢于给出明确清晰的指令，是管理者的责任。

群体决策需要意识到决策要可行，不可行的决策要尽早提出异议。比如危机中要对所有舆情进行分析梳理，一个不落，这就是不可行也没有必要的行动。

决策的敏捷，意味着弹性、可变、流动和校正。行动中出现新线索、新发现和新反馈，可能需要调整早先决策，那就要求决策者快速变更。

6. 召集必要的多元化团队成员

1771年，法国科学院有奖征集能在饥荒时提供均衡营养、避免营养不良的蔬菜。两年后，帕尔芒捷以马铃薯赢得了该奖项。

现在我们一定觉得可笑，但当时的法国人并不知道原产于南美洲的马铃薯。帕尔芒捷对淀粉的研究让欧洲人明白了马铃薯营养丰富这个简单的事实——尽管世界其他地区的人们早就知道了。

多元化团队的最重要的价值在于让散落在团队中的隐藏知识浮现出来。

为了呈现多元化的视角，出现群智涌现的集体决策，多元化团队的加入是必不可少的。打破筒仓思维和结构洞缺陷，让涉事的各方都参与进来。

一位刚入职不久的公关总监 A 告诉我，在一次重大的消费者纠纷中，总裁让总裁夫人也参与进来，他觉得不可思议又无可奈何。

等到开会时他才发现，这家民营企业的各部门负责人一扫懈怠、与己无关的姿态，变得积极主动，献言献策。等他们发言完，总裁夫人说："好，那我们接下来听 A 的吧。"

原来总裁预测到了总监 A 空降不久推动工作的困难，让总裁夫人来督战撑腰。

7. 设计必要冲突，消除潜流和噪声：做善意的引战者

所有决策势必涉及不同的利益相关者，势必涉及不同部门的利益得失，势必有博弈算计，势必有观念和态度的冲突，势必有对人不对事的发难，势必有表面的积极赞同而背地里的消极不作为。

怎么办？那就做一个引战者。

引战是在网络社群的对攻中经常使用的战术。在决策中，指的是扔出诱饵，等鱼儿上钩。把隐而不言的意见引发出来，让冲突公开化，让不同的意见表达出来，把所有的"噪声"释放出来。在工作坊中，我会使用引导技术和教练技巧来让这一过程发生。

当所有的意见和异见都涌现出来后，再展开探讨和分析，最终噪声和异见都被消融在共识中，质疑、焦虑和冲突得到了化解和表达。即使没有共识，讨论本身也很重要。

验证危机决策品质的 6 个核心问题

决策时，验证危机决策品质的 6 个核心问题：

- 谁是受害者？谁是事件的发起人？谁是我们沟通和行动

的利益相关者？
- 他们可能的期望和诉求是什么？我们在多大程度上能够满足？如果不能，我们该怎么办？我们资源调用的上限和下限是什么？
- 我们需要采取什么具体的行动和措施？
- 我们的目标是什么？我们准备把危机的伤害和代价控制在什么程度？
- 我们需要做什么？优先级排序如何？
- 我们需要说什么？我们应该如何回应？

如果以上每个问题我们都能够清晰明确地回答，那么就能证明这是一次高质量的决策思考。

如果在任何一个问题上卡住了，我们都需要停在那里继续下探，直到找到可能的答案和解决方案为止。思考卡住的地方往往就是容易出错的地方。

行动清单 8：梳理期待：利益相关者想要什么

接着来看鸭血事件的案例：

确定要表态了，接下来我们要发微博吗？还没到时候。

我们要做的第二件事是打电话，与外部环境的人员去沟通，听听到底大家怎么看这个事件。

我们整个团队加上高管从晚上 7 点 20 分到 8 点 20 分，共打了 27 个电话。我们打给董事会所有成员、投资人、行业协会、政府相关机构，还打给一些记者听听他们的意见和反馈，这些人给了我们不同的意见和建议。

打给投资人，是告知情况、风险和达成共识，争取可能的资源或支持。投资人提示股价可能有波动的风险，做好信息披露和发布。

打给行业协会，是行业头部企业必须履行的行业风险提示，也是看看协会方面是否有此次危机事件的一些信息、建议或者指导。协会秘书长在外地出差，并不知道这个事件，因为报道不止涉及我们一家企业。这可能酿成行业类的火锅品类的危机，协会随之展开了内部沟通并召开了相关会议。

打给政府主管部门，主要是行业主管部门和监管部门。比如，餐饮业要打给商务委员会和市场监管局，制造业要打给经济和信息化委员会。商务委员会是主管商业、服务业发展的，所属企业被曝光，也是商务委员会的职责所在。市场监管部门监督管理企业的生产经营行为合法合规，避免被追究行政不作为、失职和渎职是它们的核心相关利益。

打给央视食品条线的记者，是侧面了解发起人的情况。结果如同预想，这是特别报道，食品条线的记者没有参与。同时，通过信息网络拿到了报道记者的联系方式。

接到所有反馈以后，得出3个判断：

- 发起人：这个事件不是由政府主导，而是媒体发起的事件。
- 监管动向：按照往年"3·15"的经验推断，当晚监管机构一定会有行动。
- 这条报道并不是报道食品药品的专业记者所为。

详细解读如下：

第一，发起人不是政府监管部门，意味着这是媒体舆论监督，不是被监管行动查处的事件。我们还有要求复检、申诉和被官方重新定性的机会。

所以，我安排政府事务经理马上联系了所在辖区的市场监管局，报告了相关情况，准备好了所有证明材料，并送过去了一份。随后，在晚上10点，属地监管分局来到公司总部，检查封存涉嫌鸭血产品。我们积极配合一切监管要求，并提供所需的所有资料。

第二，报道记者不是食品安全专业记者，是临时抽调的其他条线记者。食品检测的送检流程有严格的限定要求，我们猜测问题出在记者门店抽样和送检途中。

随后，我们对央视办公大楼周边的就近门店进行排查，从2月1日到3月15日，通过从周边20家门店售出鸭血的台账中查找记录，找到了记者打包门店的监控视频。

这一切发生的前提是，我们对自己的产品非常有自信。食品安全的两位负责人报告说，相关产品在半个月前才刚刚送检过，产品检测没有问题。

第三，当晚监管部门一定会采取行动，这是"3·15"的惯例。

做完这3个判断，我就开始了行动。从事发的周日晚上到第二天上午9点，媒体跟进做第二轮报道之前，我们有12个小时的时间。

当晚7点40分我拨通了报道这条新闻的央视记者的电话，表示我们有最近鸭血的检查报告，也希望能把报告提供给他。

该记者说没有时间接待我们，把报告传真发给他就可以了。听完他的表述我就知道，今晚没人堵在公司总部门口采访我了。

到此为止，这一事件有两个重要的利益相关者——进行报道的媒体和政府监管机构，以及其他三个次级的利益相关者——投资人、同行业友商和协会、内部团队。在两个小时内，我们的沟通行动全部结束。

最终，董事会的决策是：

- 表达对该事件的关注，并且尽快配合监管机构展开调查。
- 暂停全国门店鸭血的售卖。对现有门店的所有鸭血产品进行封存，通过物流送回总部。总部仓库将其封存，等待监管机构抽检。
- 做好公众沟通。
- 等待官方的正式抽检报告。
- 准备好信息披露和发布。

接下来，我们要准备与最重要的利益相关者（对食品安全关注的消费者和公众）进行沟通。

优秀的品牌致力于创建和维持与利益相关者的良好关系。如果没有和关键利益相关者建立起稳定的、正向的关系，组织将不复存在。

长期主义的危机处理方式是把关系的优先级放在流程制度和底线之上。如果你把优先级放在了别的地方，你将会失去信任，最终会毁灭你们的关系。

利益相关者是对组织有期待的人

当你转换视角，从利益相关者的角度出发，你就能够理解他们的期待，以及决定是否、如何满足或拒绝这些期待。接下来，先想想我们自己的期待吧。

当我拨打某品牌的客服热线，希望能够修好家中的打印机时，我会期待得到什么样的反馈？我期待电话快速接通，期待在沟通中能够高效找到解决之道，期待能够尽快修好打印机。

当愤怒的家长因为孩子的医疗纠纷去质问医院时，他们希望问题得到解决，孩子能够恢复健康。

如果这些期待没有被满足，会如何？你是否会转身离开，不再与这个品牌或者企业发生任何联系？

我知道我是会这样做的。

在危机的极端态势下，利益相关者的需求和期待是被成倍放大的。如果期待不能被满足，信任就会破裂，关系就会减弱。

为什么在财经类危机中，CFO 会追着询问事件处理的进展程度，并且协助快速推进？因为他受到投资方的压力，他需要给予投资者这个重要的利益相关者回应，需要展示他的行动和措施，以减少投资者在投资后由于管理失当造成的焦虑。

在危机中，你对利益相关者的重视程度会成为对你的重要考验。对利益相关者期待的管理是否准确和清晰，是危机处理是否成功的重要组成部分。

提前规划的策略能够满足这些需求，所以需要做的是：

- 全面理解谁是你的重要利益相关者？
- 在危机中他们需要知道哪些信息和知识？
- 组织是否具备能力以及需要投入多少资源去满足他们的需求？

谁是组织重要的利益相关者

利益相关者是让你的组织能够正常运营的所有人。没有他们，一个组织将不会存在，或者说不能够成功地存在。利益相关者有内外两种。

在我的经验中，大部分组织并没有一个利益相关者的完整列表。你可以对照思考题 4-1，测试下你的组织利益相关者的准备度。

思考题 4-1　利益相关者准备度测试

做一个组织所有利益相关者的列表。不要只是猜想和推测，而是要写下来，精确到个人。

哪一个部门或者业务板块负责建立和维持与每一个利益相关者的关系？

你们和利益相关者沟通的方式如何？是每月吃一次饭，还是每个季度拜访一次？是个人性质的一对一沟通，还是二三十人的小群体非正式聚会？

对于所有利益相关者，是否有一个数据库包含他们的所有联系信息。谁能够看到数据库信息，这些数据库信息是否有备份？是否有纸质的留存？

每一个利益相关者团体在危机中对组织的期待是什么？

现在组织如何准备才能够符合这些期待？

每次我接到一个新客户，第一项任务就是要做利益相关者访谈，去确认收集的信息是否准确。利益相关者是你组织意义上的客户。

内部利益相关者包括：

- 董事会。
- 股东大会。
- 员工以及他们的家庭。
- 品牌信徒。[一]
- 志愿者。

外部利益相关者包括：

[一] 这里指的是品牌的狂热粉丝。

- 粉丝、关注者、支持者。
- 监管机构和政府部门。
- 合作方、上下游供应商。
- 客户和顾客。
- 银行金融机构。
- 意见领袖。
- 保险公司。
- 投资人。
- 媒体。
- 普通公众。
- 竞争对手或友商。
- 股东或股民。

可以按照重要程度和优先次序分成两类。比如针对投资人：

第一类，你需要第一时间告诉他们，也看看他们是否有资源和能力帮你去处理和协调危机。比如他们拿起电话，联系认识的媒体负责人，撮合双方直接沟通，给出公司版本的事件解释和回应。

第二类，你只需要发一个邮件告知他们，或者随着事件的推进同步他们就可以。

对利益相关者进行分类和分级，能够帮你更好地管理你和团队的时间和精力。比如，利益相关者的数据库信息。有的部门会清晰明确地列出并成为组织的共同纲领和基本文件，但有的仅仅是在个人的微信里。人员更替后，双方已经有半年多没有联系过了。还有的能够延续下来，维系了三年多的关系，对方其实已经不再与公司利益相关的岗位上了，比如从总编的位置上退了下来，但对方依然在名单里。

如何满足利益相关者的 8 个期待

1. 期待被告知

那些跟公司运营密切相关的人更希望从你这里先听到消息，而不是从媒体上或者其他人那里。

有的情况需要个人通知，比如用微信发一段事先拟好的内部进展文件；有的情况需要拿起手机打一通电话；有的情况则需要发一个正式应对方案的邮件。这取决于危机的情境。

2. 期待透明而真实的信息

没有人喜欢被欺骗。如果利益相关者发现你在故意隐藏、遗漏或者选择性地告知某些信息，他们就会不信任公司所传播的信息。那就意味着从公司视角规划的故事框架没有办法奏效。

信息透明是不容易做到的。有时候出于法律、隐私或者公司利益的原因，不能做到透明。所以，只传播那些你确定无疑的事实以及法律上允许披露的信息。

如果有一些细节还没有得到证实，或者你没有得到允许去披露，但你认为人们对这些细节有质疑、想知道答案，你可以向他们表达你的权限，而不是隐藏或者遗漏。

比如出于隐私保护的需要，你不能够披露受害者的个人信息。出于公司商业保密条款的要求，你现在还不能透露这场危机给公司的经营带来损失的具体金额。出于资本市场监管的要求，你不能披露这次危机对公司经营的影响程度。

如果你故意隐藏或者遗漏，你将会面临不可想象的批评、猜测甚至谣言，从而失去信任和你发布信息的可靠度。

错误可以被原谅，但是掩盖事实的行为不会被原谅。

被人感知到的信息透明度越高，你就越可能成为可靠的信息来源，你也不会失去利益相关者的信任。

3. 期待持续不断地更新与沟通

危机发生后，崭新的、更新的和修正的信息仍然不断地涌现，内部的讨论和决策持续迭代，媒体的采访电话一个接着一个，事态发展呈现高度不确定性，同时还要保证信息披露的准确、及时，以及信息的持续公开发布。

更新的频率取决于情境。如果是影响深远的重大危机，30分钟更新一次是可以接受的。

在内部传播过程中，即使是危机处理小组，也要及时同步信息。否则上至 CEO，下到媒体联络人，都无法及时同步所有信息。

利益相关者并不期待你能在事件爆发之后的几分钟内，就能够告诉他们所有的答案。他们期待的是你已经觉察和关注到危机，并且开始采取行动去响应或处置。

以下是关于危机的首次反馈。你在很多第一时间发布的声明中可以看到，典型的代表性描述为：

- 我们已经关注到……
- 我们正在对此事件进行调查……
- 后续我们将会及时通报最新进展……

4. 期待倾听和接纳他们的情绪

你的传播和行动需要从心出发，真挚、真诚。你需要道歉和共情，表达同情，悲悯。

道歉可能会让有些领导和法务部门紧张，但你需要记住，道歉并不是认罪，它是一种期待，一种需要被满足的期待。这是真实世界的情感逻辑。

当然,还有担忧。员工担心在新闻中涉事的公司能否继续存续下去,下个月的工资能否如期发放,五险一金能否如常缴纳。

5. 期待双向、多轮的对话和反馈,而不是单向的告知

这意味着你和团队需要知道:

- 媒体和公众最关心的核心话题是什么?
- 核心质疑点在什么地方?
- 需要如何去回应和对话?

单向的告知包括:

- 公司在社交媒体上发布声明,但关闭评论区或不回复任何粉丝的提问。
- 通过媒体发布新闻通稿,但是不接受专访和回访。
- 不回应公众关注的核心话题,只是强调自己的态度和立场。
- 发出事件进展的邮件,但是并不回复进一步的询问。
- 向银行发出重大资金风险的告知函,但是拒绝提供进一步的信息。
- 向员工发出内部信,真实目的是内部传播的外部化,并不关心员工的回复和追问。

遗憾的是,单向告知是常见的、主流的。反着做,就是双向了。

6. 期待富有人性化,而不是出于合规和逻辑

利益相关者需要理解你说的话,能够看出你的感同身受。

要注意，法律部门和合规部门只是提供合法性的建议，适用于公司的整体合规语境。但是在与公众沟通语境中，合规条款和法律意见不能够成为传播策略，它们也不能主导传播策略。遗憾的是，居然有的公司声明是由律师直接撰写的。

这类声明的出发点是避免公司存在法律风险，而不是关注对利益相关者的"交代"、对公众关切的回应。

千万不要让律师来起草声明，不信你可以试试看。

7. 期待得到最关切问题的答案

比如对于投资人，他们关心的是危机对公司造成的事实性影响，而不只是在声誉层面的影响。比如在流行病的影响下，有多少家门店因此而关闭？每个月的销售额降低了多少个百分点？全年的销售额预计要下降多少？

比如公司裁员，员工最关心的是：到底要裁多少人？涉及哪些部门，会不会轮到自己？裁员之后是否薪酬也会下降？公司的业务是不是已经在走下坡路，是不是需要另寻出路？部门的预算和费用是不是会大幅削减？福利和报销是不是也会相应减少？你越能够尽快地回答这些疑问，你就越能够更好地降低噪声，建立组织的信任，控制危机的走向和故事框架。

比如一场食品安全事件，公众最担心的往往是：自己和家人最近是不是吃过这个产品？如果吃了，对身体健康会有什么样的影响？除了自己，老人和孩子是否也吃过？目前的产品是不是还有问题？如果对身体有伤害，是否可以要求索赔？如果出现症状，医疗费用是否可以赔付？董事会关心的是：影响会持续多长的时间？预计会对销量造成多大的影响？对中长期的企业声誉和品牌损害，应该如何补救和修复？

8. 期待看到负责任的组织

这种负责任并不是字面上的表达，比如"我们会完全负责"或者"我们对此事有责任"，而是根植于企业文化和价值观中。负责人会真正感到抱歉、悔恨并愿意为此采取切实的行动，投入相应的资源，对这一问题进行整改。

在多个危机事件中，我所在的企业都是承诺负责、负全责和负责到底的。

短期看，都是成本；长期看，都是资产。

思考题 4-2　梳理和满足利益相关者的需求

梳理这个危机中有哪些核心的利益相关者？

每个利益相关者有哪些核心的期待和需求？

公司目前在满足利益相关者上做得如何？

分别列出每个问题的前三项，每一项 1~10 分打分，分数高和分数低的分别是哪些？

在接下来的危机响应中，准备采取哪些行动去补足？

如果在危机的团队工作坊中，可以要求团队中的每个人分别写一写。汇总后看看大家写出来的答案是否一致。如果不一致，说明团队在利益相关者部分还没有达成共识，正好去做共识的融合和澄清。

行动清单 9：实施决策：PrOACT 积极行动模型

PrOACT 积极行动模型

危机决策是混沌状态中的复杂决策。

借用 PrOACT 积极行动模型，把危机决策分解为 8 个要素（见表 4-1），逐个思考。

表 4-1　危机决策模型：PrOACT 积极行动模型

序号	名称	英文
1	问题	Problem
2	目标	Objectives
3	备选方案	Alternatives
4	结果	Consequences
5	取舍	Tradeoffs
6	不确定性	Uncertainty
7	风险承受力	Risk tolerance
8	关联决策	Linked decisions

核心是积极行动。

前五个要素，即问题、目标、备选方案、结果和取舍，是决策的核心。这五个要素的英文首字母缩写为 PrOACT，也就是英文 Proactive 的缩写，意思为积极主动。最佳的决策方法是主动行动；最糟糕的决策方法就是消极等待，错失良机。

还有两个要素，即风险承受力和关联决策，有助于在变化的环境中使决策清晰可辨。

开好决策会议的 8 要素

1. 着力解决正确的决策问题

如果你从一个错误的决策问题入手，你不可能得到正确的结果。找出准确的一级问题才是关键。

一个危机事件的酿成往往是系统性失衡导致的，包含多个利益相关者的诉求，也涉及组织内外的方方面面。决策聚焦于关键要素，次要的要素则会后退一步。

比如很多危机发生时，是以媒体报道的形式出现。降权限、限流量、SEO[⊖]和媒体合作，就成为很多管理者决策的重点，危机被简化为花多少钱搞定媒体或平台的决策问题。这就是典型的失去焦点。其实危机背后的成因才是决策的关键。

搞定了媒体 A 和平台 A，还有媒体 B 和媒体 C，这是治标不治本。不在非关键路径上浪费资源，也是此意。假设该危机是环保问题，我们应该反思：如果第二家媒体跟进报道，我们是否也要如此操作？第三家呢？是不是我们应该把注意力转移到如何做好环保的污染治理，避免未来再发生此类事件？

如何找到根本性问题？从一开始就确定决策的思考框架。这取决于专业、直觉和经验。

2. 明确危机应对的目标

决策不应该仅仅面对爆发的龙卷风和海啸，还应该带我们到达目的地。目标到底是哪一类：

- 是不再被媒体追着提问尴尬的问题？
- 是让人们赶紧遗忘这个危机？
- 还是避免让投资者在业绩报告会上提问？
- 还是以最小代价让事件平息？
- 还是着眼于维持品牌的长期声誉？
- 还是让应声下跌的股价回升？

问问你自己，组织最想得到的东西以及你的价值观、担忧、恐惧和向往是什么，哪些与实现目标最为相关。

⊖ SEO 是指按照搜索引擎的算法，提升文章在搜索引擎中的自然排名。

3. 提出备选方案

备选方案代表了能选择的不同行动。在一场危机谈判中，你能否找到一种被各方同时接受的解决办法？如果不能，出于对哪一类利益相关者的思考，你决定提出一个什么样的备选方案？你是否考虑过所有的可能？

比如关于事件的回应，就有很多选择：

- 要不要回应？
- 如何回应？
- 什么时候以什么方式回应？
- 谁来回应？
- 向谁回应？
- 在哪里回应？
- 回应到什么程度？

继续向下分解，比如向谁回应，就可以拆解为：

- 回应事件的利益相关者如何排序？按照什么原则和逻辑排序？
- 首先回应哪一类利益相关者？
- 这一类利益相关者的核心关切和诉求是什么？
- 我们需要采取哪些实际的行动和沟通，以响应关切、满足诉求？
- 我们如何得到这些利益相关者的反馈，如何知道他们的反应？
- 他们在哪里？他们的媒体接触习惯是什么？
- 我们选择什么样的渠道可以触及这些利益相关者？是否需要动用 KOL 或者协会、专家等第三方人士？

- 对于极少数但影响程度巨大的利益相关者，比如监管机构和媒体，我们要如何与它们沟通和互动？

记住：你的决策，未必是你的最佳备选方案。

4. 理解可能的结果

联系目标看看，你的多种备选方案会导致什么结果。

- 对监管机构隐瞒非关键信息，虽然不违法，但是会有什么结果？
- 对媒体说出真相，也意味着即将遭受舆论海啸。
- 你站出来亲自向公众做出回应，就意味着未来可能会遭遇网暴、舆论攻击和职业生涯的重大挫折。这对你的家人有何影响？对你正在上学的孩子有何影响？对你年迈的父母呢？

坦率评估每一种备选方案的结果，有助于找到那些我们最想要的方案。

5. 权衡多方利弊并做出取舍

危机中的多个利益相关者，他们的诉求各不相同。

比如，2023年11月媒体报道的"中植系"旗下金融产品逾期兑付[一]，出现大型债券违约的事件。受到影响的高净值投资者有15万人，企业客户有5000家，职业理财师有1.3万人，债权权益有2300亿元，还有中植集团的10万名员工。那么，要如何确保决策时考虑到多方利益？

在最困难的决策面前，不存在最优化方案。不同的备选方

[一] 澎湃新闻. 资不抵债超2000亿元！中植集团披露存在重大持续经营风险 [EB/OL]. [2023-12-28].

案代表不同的目标组合。决策的任务是在并不完美的各种可能性中做出明智的选择。

6. 考虑不确定性

假设某地区遭遇强烈地震,地震导致大面积的建筑物倒塌、道路阻塞、电力和通信中断等严重后果。在这样的情况下,政府面临着诸多不确定性和复杂的危机决策。

首先,政府需要迅速评估灾情的严重程度和影响范围,但由于通信设施受损和道路阻塞,获取准确信息的时间可能会受到影响。因此,政府需要依靠有限的资源和信息来做出决策。

其次,政府需要决定如何分配紧急救援资源,包括救援人员、医疗设备、食品和水等。然而,面对建筑物倒塌、人员伤亡等不确定的复杂情况,决策者很难准确预测应该如何将救援资源配置到不同地区。

最后,政府还需要考虑可能出现的次生灾害,比如余震、火灾和流行病等,需要制定相应的预防和处理措施。

在不确定的情况下,政府需要灵活应对,根据实时信息做出及时调整,并在保障公众安全的前提下尽可能地减少灾害造成的损失。这需要政府决策者具备良好的应变能力和危机处理能力。

7. 研判组织的风险承受能力

当决策涉及不确定性时,结果可能会和预期的不一致。

一次简单的遵循会计准则、披露上市公司信息,可能导致关联准上市公司的核心财务数据泄露。一笔低风险的固收债券投资,可能导致重大的财务损失。一次行业权威媒体的深度报道应对失当,可能引发公众对公司商业模式的质疑。

每个组织的发展阶段不同,管理者的危机容忍度和耐受力不同，对风险的承受能力不同，而且每次决策涉及的得失不同，导致每次做决定时能接受的风险也会不同。

8. 考虑关联决策

当前的决策会影响随后的选择，而明天的目标会对今天的选择产生影响。对于前后关联的决策，要分解出所有可能的行动，以解决未来可能出现的问题。

比如，你对外宣称事件正在调查中，那么你后续就需要披露相关信息。如果你一开始就采取沉默策略，后续就无须更新。

想三步，看两步，再迈出第一步。比如，你决定要对某一产品召回，就要考虑愤怒的消费者发起诉讼求偿的可能性。

开好决策会议的 4 个流程

由危机管理委员会、决策团队和执行团队的核心人员参加。具体流程：

- 首先由首席危机官介绍情况，比如一页纸的"意外"事件报告单、一页纸的影响评估表，随后简要提出核心策略、备选方案、行动清单和资源需求。
- 其次，开放讨论，接受各方的质询和追问。
- 最终达成共识或者暂时达成共识。
- 总裁或者董事长授权首席危机官执行会议决策结果。

简明扼要、直奔主题，不做两轮以上的深入探讨，因为时间有限。

注意，我这里写的是由首席危机官来主导并推动会议。这是一个角色，而非一个职务，它取决于过往你在组织内建立起来的专业印象。所有的与会者相不相信，在这件事情上你是最有判断力、最专业的人吗？你所说的事实、推断和策略在多大程度上经得起推敲、质疑？你有自信吗？

在危机领域，如果你在一家公司不能成为所有人（包括管理者在内）的专业老师，那你的地位就岌岌可危了。

比如在前文提到的鸭血事件案例，在决策会议中，我遇到了三种不同的意见。

第一种声音是：可以通过其他渠道把这个事情压下来。

我说，在公之于众后所遭遇的品牌声誉损失已经到达顶峰，这个时候再去另寻他法，没有任何意义和价值，反而还会偏离主战场。

第二种声音是：能否找企业所在的属地领导，向上协调。

我说，"3·15"报道是全国重大的舆论报道。寄希望于属地领导协调解决危机，不太可能。假设这种资源奏效，也许这条报道根本就不会出现。

第三种声音是：反正产品没问题，不要管它就好，我们照常经营。

我说，公众对食品安全的担忧和对品牌的喜爱都是不能忽略的。媒体代表公众提出了质疑，我们就需要展开对话，去沟通，去解释清楚。如果错了就道歉，改正；如果没错，更要力证清白。这是品牌应该承担的外部性责任。鸵鸟政策是不可行的。

最终董事长在电话会议中表态，这件事情由我全权负责，直接向我和总裁汇报，其他部门全力协同配合。决策会议就快速收尾，开始行动。

本章要点

1. 没有人能够凭空做出决策。

2. 决策要考虑个人、团队和组织的情境感知模式。
3. 影响决策过程的因素有 3 个：危机、组织环境和个人。
4. 提升组织的危机决策能力，不依赖于某个人的运筹帷幄，而是依赖于危机情景规划、危机战备演练和实战。
5. 考虑利益相关者的需求和期待，分步骤和分层次地去满足。
6. 不要期待完美的决策，用好有限信息，快速做出"足够好"的决策。
7. 使用 PrOACT 积极行动模型召开危机决策会议。

反思与行动

1. 你所在的企业是否有利益相关者登记表？还是只有一个媒体清单？是否有分类、分级？
2. 你所在的企业，利益相关者沟通计划执行的如何？人数、频率、层级、资源、成效分别如何？
3. 最近一次沟通是什么时候？
4. 利益相关者反馈的期待和诉求，你是否真的收到并且在组织内部推动调整和改善了，还是听听而已，到你这里就终止了？
5. 人数极少但影响巨大的利益相关者，在你的组织中有这样的角色吗？对于他们，你如何管理？
6. 你所在的企业有多少个行业认可的智库或专家，能够随时给你提供有行动价值的建议或者指导？

| 第5章 |

S：
共情和可靠的沟通

认知清单 8：危机沟通第一性原理：胡百精的事实 – 价值模型

危机沟通的整体框架，我推荐胡百精教授的事实 – 价值模型。㊀

该模型将危机传播管理的核心归结为："于事实层面促进真相查证和利益互惠，于价值层面实现信仰重建和意义分享。"这堪称危机传播管理的第一性原理。

该模型按照事实和价值两个导向，衍生出 3 级 26 个行动

㊀ 胡百精. 危机传播管理 [M]. 3 版. 北京：中国人民大学出版社，2014：90.

建议或理念倡导（见图 5-1）。

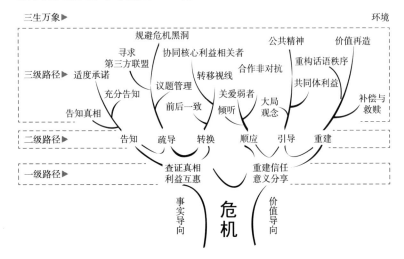

图 5-1　危机传播管理的事实-价值模型

资料来源：胡百精，《危机传播管理》第 91 页。

该模型在事实导向上引申出查证真相和利益互惠，要点为：

- 告知：充分告知真相，适度承诺。
- 疏导：做好议题管理，不被强加的议题干扰，不在次要议题上纠缠，锚定在边界清晰的自我议题上；寻找第三方联盟的"友军"；规避陷入有着更严重灾难的黑洞。
- 转换：组织在危机沟通中言行前后保持一致，协同核心利益者共创与行动，转移视线以实现框架转换。

在价值导向上引申出重建信任和意义分享，要点为：

- 顺应：聆听利益相关者和公众的意见、诉求和倾向；关爱危机中的弱者、受害者和受影响者；对冲突中的各方采取合作而非对抗的态度。

- 引导：企业、领导者和内部团队要具有大局和全局观念；组织要致力于维护和捍卫各种共同体利益（消费者－品牌、所在地组织－社区社群、企业公民－公众社会、民族－人类）；引领媒体回到公共精神。
- 重建：补偿（被伤害与侮辱的人）与救赎（企业的施害行为）、重建（被扭曲、篡改或摧毁的）话语秩序、（被伤害、侵蚀或瓦解的）价值再创造。

本书前面的多个行动清单和认知清单都对应以上要点。比如，行动清单 2 关注核查事实真相；认知清单 2 和行动清单 6 关注和善待受害者，行动清单 8 关注利益相关者。

认知清单 9：别讲道理，讲故事：罗伯特·麦基的故事模型

返回大脑的系统 2：丹尼尔·卡尼曼

诺贝尔经济学奖得主丹尼尔·卡尼曼在《思考，快与慢》中介绍了大脑的两个系统：系统 1 和系统 2。

系统 1 可以自动、快速运行，不费力气，没有自控能力。系统 1 负责回答条件反射类的常识性问题，例如"1+1 等于多少"。我们可以利用系统 1 毫不费力地接收信息、消化信息并且做出直接反应。

系统 2 将注意力分配到审慎思考、复杂计算等需要集中注意力的大脑活动中。如果你看本书感觉费力，说明你的系统 2 正在工作。系统 2 需要你的专注和努力。一旦系统 1 认定问题过于复杂，系统 2 就会开始工作。

系统 1 表现的是认知轻松和认知协调，而系统 2 表现的是

因为弥补认识失调带来的专注和努力。

在危机发生后,组织和利益相关者都会突然被"意外"事件从系统 1 拉进系统 2。组织发生改变,生活失去平衡,秩序变得混乱,这会引发人们的紧张、焦虑、愤怒等情绪,以及由此带来的恢复行动的冲动。

组织和领导者应该致力于引领利益相关者共同回到系统 1,这是双方不谋而合的"共识"。如果要回到系统 1,就要使用系统 1 的语言,采取系统 1 可以辨识的行为。

系统 1 的语言是情绪、故事、常识,是大众语言。

系统 2 的语言是道理、数据、逻辑、背景,是技术细节、繁冗推理、信息集群、知识鸿沟、行业和专业语言。

讲一个故事而不是说一堆道理,用公众和利益相关者理解的方式,穿越迷航,回到大陆。

那些道理、数据、逻辑、背景、细节和举措怎么办?把它们融入你的系统 1 故事中去。先接受系统 1,再引入逻辑、列出数据和行动,不断回到系统 1。只要你想表达的信息始终都在故事的框架里,就会像盐溶于水。

那么,如何在危机中讲故事?

如何设计危机故事:罗伯特·麦基

美国编剧大师罗伯特·麦基在《故事经济学》中,介绍了好莱坞故事的经典设计模型(见图 5-2)。[⊖]

麦基将故事设计分为 8 个阶段。

- 影响:目标受众、目标需求和目标行动。

⊖ 麦基,格雷斯. 故事经济学 [M]. 陶曚,译. 天津:天津人民出版社,2018: 93.

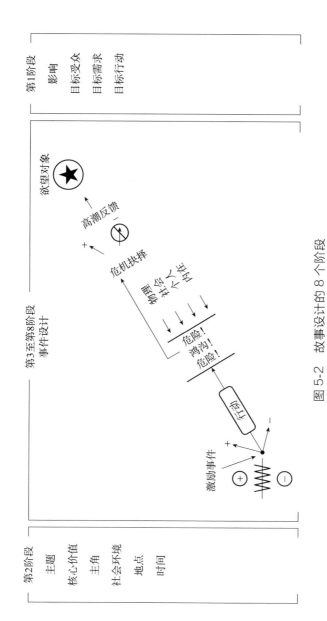

图 5-2 故事设计的 8 个阶段

资料来源：罗伯特·麦基，《故事经济学》。

- 主题：故事的核心价值、主角、社会环境、地点和时间。
- 激励事件：让主角的生活失去平衡的事件。
- 欲望对象：故事高潮时所要满足的核心需求。
- 行动：主角采取的行动。
- 鸿沟：行动预期的结果和反馈之间的巨大鸿沟。
- 危机抉择：主角为了弥补鸿沟，选择的新策略和行动。
- 高潮反馈：主角获得世界的积极反馈，生活重归平衡。

作为观众，你看完故事，期待得到了满足，失衡恢复了平衡，缺失走向了圆满。

但是，故事是虚构的，事实和真相能如同新闻一般的真实存在，可以设计吗？

认知清单 10：讲故事的人：马克和皮尔森的品牌原型

当危机中的品牌开始讲故事，讲故事的人是什么角色？是品牌原型。[一]

品牌原型理论由美国心理学家卡罗尔·皮尔森和扬罗必凯广告公司前执行副总裁玛格丽特·马克提出。原型意象是根植于人类集体潜意识中的"文化密码"和"内设模式"，品牌确立合适的原型，就可以通过品牌行为唤醒人们生命中潜在的重要瞬间，开启传诵千年的故事模式，打造出印象深刻的品牌IP[二]。

品牌原型一共被分为 4 类 12 种：英雄、智者、普通人、探险家、天真者、愚者、统治者、叛逆者、创造者、魔法师、

[一] 马克，皮尔森. 如何让品牌直击人心：品牌的 12 个心理原型 [M]. 候奕茜，译. 中信出版集团股份有限公司，2020.

[二] 品牌 IP 是企业在混沌时代，对无序流量的定向抓取。它具备特定的品牌内涵，有明确载体、广泛流量和变现能力。

照料者、情人。如表 5-1 所示，我列举了其中的品牌的 3 种原型角色。

表 5-1　品牌的 3 种原型角色

原型	描述	适合品牌
照料者	需求：保护他人免受伤害 目标：帮助他人 恐惧：自私自利，不知感恩 陷阱：殉难，被诱捕 天赋：同情心，慷慨大方 策略：为他人付出	客服方面具有绝对的优势 能够为家庭生活服务或者能够带来快乐 属于医疗、教育或其他照料者行业 能够鼓励人们相互关心 能够鼓励人们关心自己 非营利组织或慈善机构
英雄	需求：通过勇气和克服困难的行动证明价值 目标：实施控制，改善世界 恐惧：怯懦、脆弱、退缩 陷阱：傲慢，总是存在敌人的需求 天赋：能力、勇气 策略：成长为最强大、最有能耐的自己	有一项将对世界产生重大影响的发明或创新 产品帮助人们实现最高工作效能 解决重大社会问题，并要求人们参与其中 有明确的对手或者想打败的竞争对手 处于劣势，想要能够与竞争对手匹敌 产品或服务的优势在于能够高效出色地完成一项艰巨任务 需要把产品和那些没能做到一以贯之的产品区分开 客户群身份认知是善良、有道德的公民
普通人	需求：和他人建立联系 目标：获得归属感 恐惧：高调，因为装腔作势而受到排斥 陷阱：为融入或建立肤浅关系而放弃自我 天赋：真实、共情、平易近人 策略：培养美德和亲切感，融入集体	能够帮助消费者获得归属感 产品日常生活的使用频率高 产品的定价从低到中 企业文化接地气 积极将自己和其他高端品牌区分开

资料来源：整理自《如何让品牌直击人心》。

在危机沟通中，如何使用品牌原型的意象？

危机的响应和管理，虽然是混沌状态下的变态管理，[一] 但依然遵循品牌战略传播的核心逻辑，就是以合乎品牌原型的角色去行动。

任何违背品牌原型的言行都会导致消费者对角色期待的偏差，在危机后严重影响品牌形象。

认知清单 11：框架理论：别想大象

什么是框架

框架是人们或组织对事件的主观解释与思考结构。

框架概念由社会学家戈夫曼提出。他认为社会事物四散各处，彼此没有联结，没有归属，必须通过某种符号转换，才能成为有意义、有关联的认知。

框架是诠释社会现象的架构、组织事物的原则、整体思考的基础。人们用框架来建构事物的意义，也透过不同的框架来解释事件。所谓"框架"，就是把主要意义放置到人们注意力的核心，并把其他意义赶到边缘。

所谓框架，就是在传播时凸显一个已知事实的某些方面，以彰显眼前这个问题的定义、因果关系、道德判断或解决方案。

公关专家本质上就是框架专家。选择恰当的框架，是公关最重要的策略。有效沟通，就是有意或无意地寻找最佳框架，并以此影响受众的观念和行动。

框架典型表达：别想大象

加利福尼亚大学的认知科学家乔治·莱考夫在课堂上讲框

[一] 这是相对于稳定状态下的日常管理而言。

架时，总是让学生做一个练习。练习内容是：别想大象！你做什么都行，就是别想大象。从来没有学生能做到这一点。

每个词都跟"大象"这个词一样唤起了框架，而框架又涉及一种形象或者其他类型的知识：大象体格庞大，有蒲扇般的大耳朵、长长的鼻子，马戏团里有大象，等等。这个词的定义与该框架相关联，每当我们否定框架时，也就唤起了框架。⊖

美国联邦政府官员在讨论关乎国计民生的公共政策时，也会采用框架策略，其步骤通常是：提出质疑，诋毁旧政策，打口水战，提出新政策。如果违反框架逻辑，就会付出惨重代价。

在"水门事件"期间，尼克松承受着辞职的压力，向公众发表演说。他站在所有人面前说："我不是骗子。"结果，人人都以为他是骗子。这重申了框架的基本原则：当你和对方争论时，不要使用他们的语言。因为他们的语言背后有他们设定的框架。

如果你希望人们接受你的故事，就必须让故事与人们的框架相吻合。如果故事不符合框架，那么留下来的只是框架，而故事则会被抛开。

在危机沟通中，如果你不设定故事的框架，框架就会被其他人定义。只有掌握框架的主导权，才能改变危机故事的走向和终局。

危机沟通框架的 7 个原则

在危机沟通中使用框架应遵循以下 7 个原则：

- 不要跳进对方的议题和框架，不要使用对方的语言。
- 知道对方的框架，预测对方的语言模式和后续行动。
- 只有事实和真相是不够的，要从自己的视角为真相建立

⊖ 莱考夫. 别想那只大象 [M]. 闫佳，译. 杭州：浙江人民出版社，2020.

框架。
- 框架中的事实和故事必须是真实的,不能虚构和任意发布。
- 在公序良俗、价值观和文化基础上思考框架,不要在危机本身中思考。
- 主动攻击,不要被动防御。
- 回应事件,不要回应框架。

行动清单 10:讲个故事:危机沟通的幸存模型

如何在危机沟通中设计故事,我提出危机沟通的幸存(SURVIVE)模型。这个模型有6个步骤,每个步骤用一个英文单词表示,每个单词的首字母组合成英文单词 SURVIVE[⊖],如图 5-3 所示。该单词取"在危机管理中幸存下来"的含义。

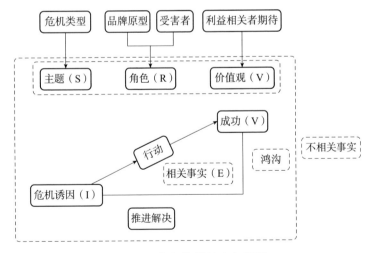

图 5-3 危机沟通的幸存模型

⊖ 第一个单词 Subject,取前两个字母。

- Subject：根据危机类型（行动清单3），确定故事主题。
- Role：根据品牌原型和受害者（行动清单5），确定故事角色。
- Valve：根据利益相关者（行动清单7）期待，确定故事的价值观。
- Inducing event：根据危机诱因（行动清单3），确定行动起点和行动线。
- Victory event：根据受害者的期待和需求鸿沟（行动清单5），设计成功事件。
- Evolve：根据以上框架，推进解决，放入相关事实（行动清单2），剔除不相关事实。

在这一模型中，你会发现，相关事实是最后才被选择性嵌入，而不是一开始就被嵌入。相关事实是逆向设计危机沟通框架后的选择，需要从沟通中剔除不相关事实。危机沟通是一场表演、一个故事。

确定故事主题

故事主题来自行动清单3中的危机类型。

鸭血事件在"3·15"国际消费者权益日被曝光，这类曝光媒体报道的典型主题是：无良商家为了节约成本，用猪血来冒充鸭血售卖，从而赚取高额利润。

预设的故事剧情是：媒体揭露事实，商家百般抵赖、撕毁证据，商家谩骂记者、质疑媒体、矢口否认，最后在铁证面前终于承认自己的错误，痛心疾首地认错，悔之晚矣。

通过已有的信息和内部的沟通确认，我做出判断，我们的故事主题只有一个字"冤"。我们的故事线是蒙冤躺枪，这是一个乌龙事件，最后我们一定能够洗雪沉冤。所以我们随后不再对外做任何的回应，只等政府检测结果出来。

这是一个舆论监督引发政府监管部门介入的食品安全事件，而不是一个制假售假的黑心企业被公众发现的事件。这是一个因为冤屈，所以愿意积极配合监管、应对媒体和给公众交代的事件，而不是一个遮掩逃避、闭口不言、实施鸵鸟政策的事件。后续的一系列应对都在蒙冤、洗刷冤屈、坦诚透明、积极配合的基调下展开。

确定故事角色

角色来自品牌原型和行动清单 5 中的受害者分析。

在"奸商"的主题下，受害者是受到欺骗的消费者和公众，加害者是品牌和组织。

不跳进洗刷辩白"奸商"的角色游戏中，而是退守"蒙冤者"的身份。当角色确定后，言行就会自洽。

当你开始证明自己不是"奸商"的时候，就说明你已经跳进了对方的故事陷阱，四面都是沼泽泥泞，你在证明自己无罪的泥沼中，任何举动只会让自己越陷越深。

否则，你就违背了危机沟通框架的 7 个原则中的第 1 个原则：不要跳进对方的议题和框架，不要使用对方的语言。

在"蒙冤"的主题下，公司成为被误解的对象，成为舆论监督的受害者，进行错误报道的原发媒体成为加害者，不明真相的消费者和公众成为愤怒的围观者和声讨者。

当所有角色就位，后续的走向和言行就可以依据各自身份和期待进行预测。

比如在蒙冤者和受害者的角色中，尽快呈现真相，积极配合调查，向公众及时披露进展，就成了必然的行为选择。所以才会有后续的一个晚上连发三条微博同步进展，才会有对现有鸭血产品的停售，鸭血返回总仓库，接受监管机构的封存和检查检测。

在沟通中，还要考虑该案例中餐饮企业的"照料者"品牌原型，如表 5-1 所示。照料者是给予关爱的人，能够保护他人免受伤害。汽车品牌沃尔沃、酒店品牌万豪集团，都是代表品牌。照料者的情感特质 ⊖ 是：

- 共情：能够站在他人的角度，而不只是站在自己的角度看问题。
- 沟通：善于倾听他人，揣摩他人的言外之意，清楚他人的意图。
- 可靠：值得信赖，愿意付出。
- 信任：真挚关系的基石。

对于引发消费者和公众群体关切的食品安全事件，"照料者"的言行举止，需要符合以上情感特质。

确定故事的价值观

根据行动清单 7 中的利益相关者期待，确定故事的价值观。

"奸商"主题的价值观涉及善恶和惩戒，属于道德和法律范畴。

"蒙冤"主题的价值观涉及真假和申冤，属于事实和情绪范畴。

⊖ 马克，皮尔森. 如何让品牌直击人心：品牌的 12 个心理原型 [M]. 候奕茜，译. 北京：中信出版集团，2020.

故事应该主要沿着"洗雪沉冤"这条思路向下推演。

如果是法律范畴的事件,就交给监管机构调查取证,结果出来前公司不做回应;如果是情绪范畴的事件,就需要回应消费者和公众的关切,公司可以在声明中予以回应。

确定行动起点和行动线

根据行动清单 3 中的危机诱因分析,确定行动起点和行动线。

比如鸭血事件,危机诱因有两个:媒体曝光和随之伴生的行政监管。

对于媒体曝光,危机沟通的起点和终点就需要在媒体端完成闭环。围绕媒体平台展开沟通行动,比如发布公开声明、披露事件进展、应对媒体追问、解释随后措施等,就是主要行动线。

对于行政监管,危机沟通的主要行动线就是接受监管部门的上门检查、提供监管所需的检测报告、提出对媒体曝光中食品送检环节的质疑、执行监管部门的决定和要求、等待监管机构的检测结果、等待最终的监管处理意见等。

行动起点的选择错误会导致沟通错位。如果危机的诱因是人员伤害,那么停止伤害、马上救助、恢复受害人的身心健康、给付物质补偿、恢复生活平衡和秩序,就是主要的行动线。但是,如果把行动起点放在对媒体展示组织善意和救助措施上,那么沟通就错位了。

设计成功事件

行动来自期待和现实的落差,来自达成恢复生活平衡的共识。在确定故事起点时,行动也就基本确定了。这部分既是危机响应的行动措施,也是危机沟通的主线。

如前文所述,多个故事起点会有多条行动路线。

有的是实线,比如产品召回、质量检测、出台内部整改措施;有的是虚线,比如发布对外声明和内部沟通要点、应对媒体采访等。

有的节奏很快、转瞬即逝,比如舆论应对会随着公众注意力和热点的转移,快速完成;有的受限于外部制约因素,比如监管处理意见的出台需要按照行政处理流程和时限约束,行动路线会出现阻滞、暂停和等待。

确定相关事实

根据以上5个步骤的规划,确定与该故事相关的事实,将其嵌入故事框架。不相关的事实,则将其推出故事框架。

比如鸭血事件,有媒体质疑公司的业务发展、门店扩张和股价支撑,这些就不属于故事框架内的相关事实,我们不予回应。

对应危机沟通框架的第3个原则:只有事实和真相是不够的,要从自己的视角为真相建立框架。

综上所示,得出鸭血事件案例的危机故事设计路线图(见图5-4)。其中的故事起点有两个:媒体曝光和监管调查。采取的行动图中用四个小人的形象代替,将相关事实在行动过程中嵌入。

危机沟通框架的第2个原则:知道对方的框架,预测对方的语言模式和后续行动。这是进行危机故事行动路线设计的关键。以下以媒体曝光类的故事框架来说明。

媒体曝光的危机沟通框架模型(见图5-5),只涉及两个角色:媒体和企业。

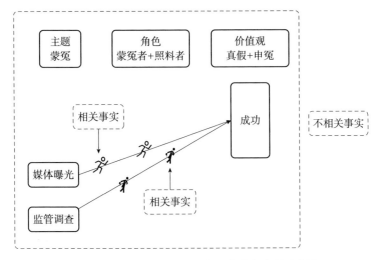

图 5-4 危机故事设计路线图（鸭血事件案例）

当媒体监督发生后，在企业做出第一轮回应后，媒体会就舆论的核心问题再次追问。企业如果继续进行第二轮回应，媒体认为企业言未尽意，会继续追问。直到一方停止，热度下降为止。

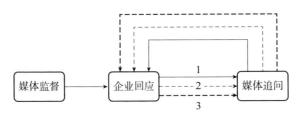

图 5-5 媒体监督与企业回应互动流程

以鸭血事件为例，公司一共做了 4 次回应。在每一次回应之前，都预测了舆论的后续走向，并且提前提供了相关事实。

3 月 15～16 日，预测媒体关注的核心点：

- 公司的态度如何？

- 鸭血是否有问题？含有猪血成分的鸭血有多少？
- 鸭血供应商是谁？
- 公司如何进行供应商管理和品质控制？
- 如何回应央视报道？
- 各地门店是否受到监管部门查处？
- 产品如何召回和封存？
- 如有问题，后续如何处理责任人？

以上这些问题的答案，我们在当晚到第二天凌晨 4 点以前全部完成。从第二天起，媒体开始跟着我们的故事框架走。

没有自己的框架只能跟着别人的框架走，就会陷入到对细节无穷无尽的纠缠中。

随后几天，我们把注意力放到监测和信息公开上，把故事的角色转移到监管处理上，把披露信息的压力客观上转移到了监管机构。作为核心权威机构，它们已经抽检了产品。我们等待检测结果。

3 月 17~20 日，预测媒体关注的核心点：

- 鸭血检测结果如何？
- 鸭血事件对公司经营的影响有多大？
- 公司展开内部调查的结果如何？
- 市场监管部门的检测报告何时出具？
- 央视记者和监管部门先后出具了两个结果不同的检测报告，消费者和媒体应该相信哪一个？
- 央视记者的检测为何会有猪血成分？
- 鸭血事件对公司股价有影响吗？
- 公司对食品安全管理有何新的举措？
- 公司对供应商提供的食材如何验收？

- 公司如何保障食品安全？

3月21日，也就是危机事件发生6天后，舆论关注量的曲线慢慢降下来了。3月26日，监管机构的二次检测结果出来了，产品没有任何问题。

我们随即发布了最后一条微博声明，并且宣布恢复鸭血产品的售卖。

4月8~14日，公司的全国门店开展鸭血免费试吃活动，任意现金消费即送小盘鸭血。"蒙冤"不惜"放血酬宾"，我们以实际行动有力告知公众，我们"有菜有真相"。

至此，一个品牌自行确定框架的故事结构完成。

认知清单12：保持沉默：流量生态中的战略定力

1993年，《华尔街日报》记者阿莱西亚·斯瓦西出版了一本名为《肥皂剧》的非虚构作品，该作品直接抨击了当时的宝洁公司。⊖

宝洁对此的官方回应如下：

这是对我们公司和我们行动的片面、不准确的描述。除此之外，我们没有什么可说的。

主流学界认为，在面对危机时，双方必须坦诚沟通，不能使用鸵鸟政策。但在企业实践中，尽可能地保持沉默依旧是主流。理论和实践的落差在哪里？不管是被动选择还是主动选择，可能有4种原因：

⊖ SWASY A. Soap opera[M]. New York: Simon and Schuster, 1994.

- 不做舆论明星，做隐形冠军。
- 不偏离组织战略传播主线。
- 不为别人的生意贡献流量。
- 不知道也不会回应，干脆就不说话。

不做舆论明星，做隐形冠军：赫尔曼·西蒙

公关人经常会谈论一个话题：领导重不重视公关。这本身就是一个伪命题。一家公司之所以存在，是为了向社会交付价值，而不是贡献热搜话题和新闻头条。不重视公关的公司，可能才是最具有持续增长价值的公司。不重视公关的 CEO，可能才是称职的 CEO。

一家公司要致力于成为隐形冠军，而不是成为舆论明星和流量捕手。

隐形冠军这一概念由赫尔曼·西蒙提出。以下是一些核心概念⊖：

- 隐形冠军公司的目标是实现持续增长和获取世界范围内的市场领导者地位。
- 持续增长被证明比爆发式的间歇增长更具有稳定性。
- 市场领导地位是指通过设定行业标准和企业标杆，实现对客户、竞争对手以及市场趋势的领导。
- 只有聚焦和深耕业务，才能成为世界一流企业。
- 隐形冠军始终保持与客户的紧密联系。它们贴近客户的程度比大企业高出 5 倍，高管会积极参与业务，聆听客户的声音。

⊖ 西蒙，杨一安. 隐形冠军：未来全球化的先锋（第 2 版）[M]. 张帆，译. 北京：机械工业出版社，2019.

我借用隐形冠军的概念来描述组织面对危机时的态度和决策。

当一个组织的战略目标清晰时，埋头做事、踏实低调是主要基调；当爆发的危机不在关键战略路径上时，就不要消耗过多的组织资源去应对，所以组织才会选择沉默策略。当然，这对组织和领导者的战略定力、心理稳定性都是极大的挑战。

不偏离组织战略传播主线：华为的"力出一孔"

危机叙事是组织战略传播的支线故事。

组织战略传播的主线故事是组织和品牌，复线故事是产品故事、创始人故事、雇主故事、财经故事、ESG故事等。

支线故事是情非得已的无心之作。如果危机叙事的支线故事越位成为组织的主线故事，那就偏离了战略主线，后果是消耗组织资源、影响公众认知。

危机叙事不离战略主线，是危机沟通的战略级规划。将不在组织战略传播主线上的支线故事和不相干事实，一律砍掉或者不予回应，这是华为所倡导的"力出一孔"，集中优势资源在主航道上，不在非关键路径上消耗资源。⊖

危机沟通是战略传播最严峻的挑战，所有的战略传播意图都会被"××门"事件稀释甚至粉碎。

很多危机中的声明都能看到组织强调出错的部分，"其实我们一直做得还不错，但是很遗憾，我们出错了，我们会反省"之类的表达。如果这个错误是细节性的、战术性的错误，就不要在这方面纠缠了。

试想，你站在公交车上，司机急刹车，你不小心撞到了旁

⊖ 黄卫伟. 以客户为中心：华为公司业务管理纲要 [M]. 北京：中信出版集团, 2016：157-160.

边的人,你该怎么办?

大概率你只会在稳定好身体平衡后说声"对不起",然后继续站好,到站下车。你不会一直说对不起,因为你一直都很好地控制身体,但是道路实在太颠簸了,司机刹车太突然,这才导致你撞上了旁边的人。虽然你感到抱歉,但你不会追着问对方:你怎么样了,没事吧,要不要去医院?

你不会忘记自己的目的地和出门的意图。

危机沟通也是如此。因此时刻不要偏离组织的战略传播主线。如果你发现不管如何回应都会发生偏离和消耗,那就不如保持沉默。

不为别人的生意贡献流量:热搜的流量动力本质

品牌在社交媒体平台上的危机,其实是流量生态的商业模式的一环。你的危机,是别人的生意。

很多社会化媒体危机,发起人一般是自媒体或者幕后的MCN机构⊖,它们炮制流量标题,挑动网民情绪。它们需要的是高流量带来的平台广告分成和投放收益,而不是你。你不要跳下场,否则你就是那只被全场围观的斗牛,被一个红色斗篷逗弄得精疲力竭。

所以,你为什么要回应呢?

发难者、教唆者、助推者、监管者和意见群体的流量生态场

这类人为炒作类危机的出现形成了一种不谋而合的合谋。

品牌遭遇网络负面报道的压力程度 X

⊖ MCN 机构是一类进行内容持续输出和变现的公司。

+ 网民表达的情绪强度 A

= 网红流量热点的变现渴求度 B

+ 社会化媒体平台流量池的算法加权度 C

+ 媒体和 MCN 机构矩阵号 ㊀ 的倍增放大程度 D

+ 监管机构的介入程度 E

在这场合谋中，五个角色的诉求各不相同。网民渴望公平正义，网红追求流量变现，社交媒体平台乐见争议热搜，媒体和 MCN 机构期待内容爆款出现，监管机构关注法治秩序，只有品牌需要自求多福。

网民作为意见群体，就特定的主题和事件聚集起来，表达情绪和态度，并且转换为点赞、转发、评论等互动行为，甚至被激化为主动的攻击者、羞辱者和谩骂者等参与者身份。网民的情绪表达需要被看见、被接受，这是网民的核心诉求。

网红作为发难者，策划炒作流量爆款的主题，聚集起持续互动、实时响应的粉丝群体，唤起愤怒或焦虑的情境模式，承担起正义化身的英雄、呼吁者或揭秘者的角色，而涉事品牌往往沦为坏人、黑心企业或无良商家。网红渴求变现是其核心诉求。

社会化媒体平台作为教唆者，从"上帝视角"俯瞰全局，并依据算法逻辑和话题策划，将负面新闻推上热搜。热搜机制会以直接现金激励、流量平台分账、粉丝数增长和内容流量倾斜等方式，奖励那些提炼话题使其具有影响力的账户，这是商业模式的经济驱动力之一。

媒体和 MCN 机构矩阵号作为助推者，从多账号的矩阵式转发中获得流量价值和粉丝数的增长，从而进入品牌投放时的

㊀ 指的是同一家机构运营的多个账号形成的体系。

媒体清单,左手转发或炮制热点话题赚流量,右手将流量变现为商务收入。品牌成为负面报道中的无良商家,随即也成为商务合作的甲方。媒体找到了唤起愤怒情绪、将发难文化货币化的方式。

政府机构作为监管者,在实时关注热点事件和热搜话题时,研判和决定是否都需要介入以及如何介入。品牌如果在事件中确实出现行业监管或者触犯法规的情况,监管者也会予以干预。即使并无违法情况,有舆情触发的重大事件,也会给品牌带来监管机构的问询和质询。这对品牌企业的生产经营都是不小的干扰,甚至是影响。

品牌承压路线图

让我们来看看品牌在承受社交媒体多方舆论的压力下,会采取什么应对策略,如图5-6所示。

发难者在制造话题事件后,沿着两条路径抵达品牌:一条是直达的,直接点名品牌,如图中②所示;另一条则是招募和唤起意见群体,如图中①所示。这个意见群体有时会向品牌施压,比如在官方账号下质问,如图中③所示。

比如火锅食材涉嫌掺假,唤起了公众对食品安全的注意。产品爆料投诉的KOL成功招募本就有消费纠纷的群体或者围观凑热闹的网民,这些网民可能是来点赞的,也可能是来谩骂的,但对于品牌而言都是流量,如图中②所示。

在两方面的压力下,品牌会面临第一轮选择:是否需要回应。如果选择是,品牌做出回应与行动;如果选择暂不回应,如图中④所示,品牌会进入内在承压阶段,静待影响消散。

助推者如果在此时介入,会拣选发难者和意见群体的内容,加以炮制成为热点话题,让其影响力倍增,事件被放大,如图中⑤和⑥所示。话题迅速登上热搜榜,品牌压力陡增。

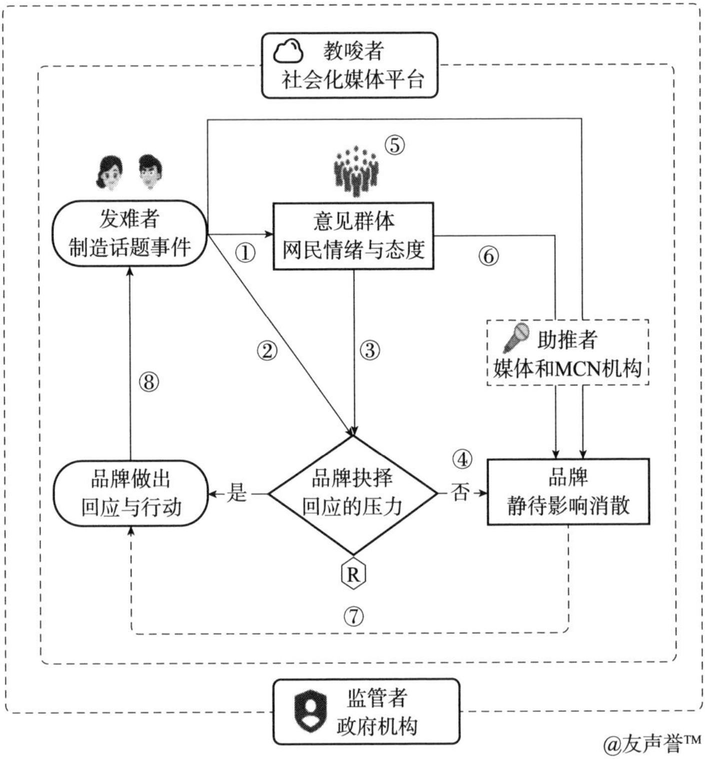

图 5-6　品牌承压路线图

如果此时品牌承受不住这种热搜级的压力,决定做出回应和行动,如图中⑦和⑧所示,这便会推动事件发展,进入下一个轮次。

而平台方则隐身其后,似乎觉察不到它的任何行动。但是通过算法干预、流量倾斜和热点助推,这一切在后台悄然完成。当然这一切也在监管机构的观察中。一旦事件进入部门所属舆情管辖和处置的范畴,监管部门就会果断采取行动。

所以，作为品牌为什么不保持沉默呢？

行动清单 11：不回应："让子弹飞一会儿"的战略性沉默

品牌可以不说：回归企业经营主战场

回应甚至道歉都会被穷追猛打，不道歉也会被抨击。

回应，会被媒体不分青红皂白地断章取义；不回应，会被冠以"企业不回复"的心虚谴责。

回应，网红、媒体和 MCN 机构会更新报道，延长公众愤怒时间，获得更多流量；不回应，它们也不会有丝毫损失。

因为不管品牌如何选择，都会进入以下既定的叙事框架：

- 品牌的响应会陷入呼吁 / 回应的被动模式。行动受制于舆论意见，无论哪种言行都像被枪指着脑门的"惺惺作态"。
- 品牌的角色会进入英雄 / 坏蛋的二元模式。发难者成为挑战强者、斩杀恶龙的英雄。
- 品牌的行动会陷入发难 / 行动模式。丧失积极主动改善的主体形象，陷入"人家不揭穿你，你就在装死"的骂名中。
- 品牌的终局会不出意外地进入胜 / 败模式，败得一塌涂地，才能彰显"庶民的胜利"。

如果沟通是按照既定的脚本和角色演出，也就不算是对等公平了。

当然也有人说，品牌对公开意见必须回应，但是只有为数不多的企业有足够的资源，来回应社交媒体和开放平台上公众提出的所有的琐碎问题。

我的基本观点是：不要害怕少数人发起的炒作式的负面热点话题，企业需要深思熟虑是否做出回应。忽视炒作和热搜，回归企业经营主战场，可能是企业最好的选择。

但是这种选择难度很大，人类的焦虑、恐慌和羞耻都关乎生存。一旦我们的申辩和生存欲望被可以从中获利的人激起，求生本能就会浮现。

此外，品牌内部也是多元主体的意见市场，公关部门担心事态扩大，业务部门担心业绩下滑，CEO担心声誉受损。

但是，学界的研究和实践表明，沉默也是品牌的一种战略性选择。

品牌可以先不说："让子弹先飞一会儿"的延迟型沉默

那么，组织和品牌什么时候应该沉默？什么时候不应该沉默？沉默是否存在战略性思考和刻意沉默？沉默是如何在组织中被决策、采纳、维持和打破的？其后期效果如何？

新加坡学者Le等人（2019）提出战略性沉默的3种类型[一]：躲避型沉默、隐藏型沉默和延迟型沉默。

- 躲避型沉默是指当组织或领导者打算避免某些利益相关者和/或手头的问题时，保持沉默。
- 隐藏型沉默则是为了向利益相关者隐藏相关信息。
- 延迟型沉默通常是为响应争取时间而发出正在进行调查的信号。

[一] LE P D, TEO H X, PANG A, et al. When is silence golden? The use of strategic silence in crisis communication[J/OL]. Corporate Communications: An International Journal, 2019, 24（1）: 162-178[2024-02-05].

延迟型沉默是可以关注和使用的一种战略性沉默。延迟型沉默可以避免应对出错，减少危机加剧。同时，延迟型沉默也能表明危机方有自信心和底气承受一些负面的情绪，而且能够掌握危机主动权，为后期品牌形象恢复赢得机会。

延迟型沉默有 3 个好处：

- 释放正在展开工作的信号，对于利益相关者而言，延迟型沉默更容易被公众容忍和接受。
- 会使组织处于积极的位置，因为决定打破沉默的行动会使主动权回归。
- 争取额外缓冲时间进行调查，然后再发布初步回应。

如果采用延迟型沉默作为响应信号，并且持续足够长的时间，以便制定回应策略和发布适当的主要反应声明，那么延迟型沉默就可以被证明是积极的。也就是说，先保持沉默一段时间，等想好了，方案制订好了，再决定对外发布，这就是积极信号。

品牌采取延迟型沉默策略时，可以参考图 5-7 所示的策略流程图。

何时选择延迟型沉默：

- 当组织需要时间来调查危机，特别是在原因不明的情况下。
- 在不引起恐慌的情况下，解决一个有明确原因的问题。
- 在收集信息或安排初步应对措施时，可以使用延迟型沉默。

在这种情况下，延迟型沉默可作为一种辅助战略，为初步回应做准备。

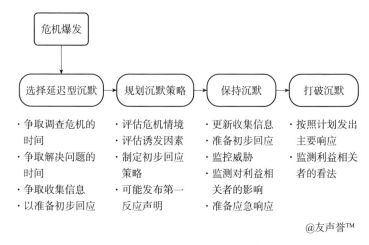

图 5-7　品牌延迟型沉默策略流程图

资料来源：LE P D, TEO H X, PANG A, et al. When is silence golden? The use of strategic silence in crisis communication[J/OL]. Corporate Communications: An International Journal, 2019, 24(1): 162-178[2024-02-05].

如何规划沉默策略：

- 一旦危机来袭，组织应该开始制定主要的应对策略。
- 应当评估危机情境。比如，利益相关者是否可以按照组织的意图来理解沉默？沉默是因为正在调查，组织不方便发声。
- 当组织获得足够多的信息后，选择发布第一反应声明，以表明正在进行的工作。

如何保持沉默：

- 调查和解决问题，并准备正式回应。
- 组织需要持续监控危机的威胁以及对利益相关者的影响，避免事态进一步恶化。比如有越来越多的消费者来到门店要求赔偿或者发起集体诉讼，比如监管机构在多个分店内开始进行查处和检测，比如有内部员工主动向媒体爆料。
- 如果需要提前打破沉默，就要确定诱发时机。比如，原定一周后发布，但是官方的检测结果提前公布，组织就可以提前发布声明。

如何打破沉默：

- 如果一切按计划进行，组织获得了足够多的信息并做好了充分准备，就按计划发出主要响应。
- 保持继续监测利益相关者的态度和情绪。
- 要监控利益相关者对声明的看法，监测组织形象（无论是社会形象、财务形象、产品形象还是招聘形象）是否受到负面影响，并提出适当的后续形象修复措施。

最后一个问题是：是不是从一开始就完全沉默呢？未必。

品牌可以先说一点点

延迟型沉默用来表示正在进行相应工作，所以是否应该在沉默前发布第一反应声明呢？我认为是需要的。

第一反应声明要表达的是：我们已关注到此事件，正在核实情况，有最新进展马上告知。

第一反应声明是没有明确立场的。这种声明需要与经过适当调查、打破沉默后发布的正式声明明确区分开来。

在采取延迟型沉默之前，立即发布第一反应声明的 5 个好处：

- 如果组织在发出正式反应之前完全沉默，就会受到批评。

组织可能会被公众理解为隐瞒信息、自认理亏或缺乏对公众关切的同理心,特别是当危机严重程度很高或可能升级时。
- 它避免了一开始就郑重承诺,但是有可能过度承诺的风险。
- 它向利益相关者释放信号,"我们看到了,也正在关注局势"。
- 它帮助组织在没有外部干扰的情况下集中精力解决问题。
- 它允许收集准确的信息,以便做出适当的初步反应。

如果调查可以迅速完成,就不需要发布第一反应声明。当然,如果可以不说,我建议组织一直保持沉默。

◎ 反思与行动

找出你所在的企业或者行业在最近面临的一次危机中发布的公告或声明:

1. 声明是否提到了利益相关者,并且回应了利益相关者的问题和诉求?
2. 声明中体现出来的企业态度是什么样的?
3. 声明中看出共情和真诚了吗?
4. 如果可以修改得更好,如何修改?

让你发出来的公告或者声明是令人信服的,其实并不取决于这次危机中你说了什么、做了什么。它跟我们个人的社会交往类似。人们会根据你长期持续的一系列言行来判断你的为人,而不仅仅依靠一两次的交流,所以建立持续稳定的沟通频率和内容输出就显得至关重要。

| 第6章 |

I：
持续改善

认知清单 13：消除摩擦：克劳塞维茨的战争行动真相

危机决策确定的行动清晰，组织要付出的补偿和代价明确，资源也逐渐充足，按理说，执行应该不会出现问题。但是，问题往往出在执行环节，大量的难以预测的摩擦会出现。

军事理论家克劳塞维茨指出 ⊖：

"倘若从未亲身经历过战争，就无法理解被不断提到的困难真正在哪儿，也无法明白为何一位司令官需要杰出的才华和非凡的能力。事事看来简单。所需知识并非显得引人注目，战略选

⊖ 克劳塞维茨. 战争论 [M]. 时殷弘，译. 北京：商务印书馆，2022.

择如此显而易见,以致比较起来,最简单的高等数学问题也有令人难忘的科学尊严。一旦实际见到战争,种种困难就变得清晰分明;可是,要描述那未被察觉、遍及一切的要素仍极端困难,而正是它招致了改变。"

危机执行会遭遇战争中相同的摩擦。这些包括但不限于受害者和受影响者的反应、资源的充足与适配、团队的能力和经验、外部环境的变化、局势推进中的变化与评估。

没有经历过实战的人难以想象书本上的一句话:在实战中需要如何进行转化与调整。

摩擦伴随着随机性、波动性和不可预测性。摩擦可以减少,但是无法彻底消除。比如在社交媒体上沉淀三五个月的一条素人产品差评,突然被某个百万级 KOL 转发。品牌方与 KOL 沟通,又被对方将对话内容断章取义截屏后,再次转发,问题已经从普通产品投诉转变为品牌方工作人员态度傲慢、蔑视消费者。

危机中的行动犹如逆水行舟,100% 的力量只会带来 60% 的效果。真正的危机管理顾问犹如一位做过运动员的游泳教练,他所教的,是在陆地上练习逆水行舟所必需的动作,尽管这些动作在实战经验不多甚至没有经验的人看来简单平常,但是,当你面临实战时,你就会发现,这些简单的基本动作也大都变形。

比如,写一个危机声明。绝大多数人做惯了评论家,对别人的危机处理动作讲得头头是道,等到自己写一篇危机声明时,尤其是有 20 分钟截稿的压力、等待上司以及上司的上司双重审核时,就会清楚自己之前的眼高手低以及身在其外、不知其难了。

每个危机都不尽相同,但是即将出现的摩擦大同小异。如何尽可能地减少摩擦?

1. 日常做好危机战备和规划

了解可能的摩擦,提前准备,危机一旦出现,能恰如其分地做出决策和处理。比如研判现有组织和团队某项能力不足,就准备培训和演练;比如研判摩擦主要来自上司的不信任,就要多向上管理和做专业输出的展示。

2. 危机中保持简单、开放和弹性

未必所有摩擦都可以提前规划。当系统发生随机波动时,随机应变就好。不要沉迷在上一步的关键是拥抱变化,不要沉迷于复杂的规划和风险管理,而是保持简单、开放和弹性。

思考题 6-1　你在危机管理中遇到过的摩擦有哪些

1. 你是否可以预测到在危机实施中可能遇到的摩擦有哪些?
2. 这些摩擦,哪些在你的可控范围内,哪些超出你的管理和能力边界?
3. 为了尽可能地消除这些摩擦,你可以做些什么?
4. 你是否在危机处理的过程中遭遇过重大摩擦,你是如何克服它的?

认知清单 14:划定边界:把真问题还给业务部门

组织必须要解决的混乱和失衡,不是危机,而是真实存在的问题。这些问题十分棘手,让人焦头烂额,但这仍然是业务的一部分。危机管理无法解决业务真问题。

在危机中,组织往往错误地把全部希望和职责都寄托在危

机公关上,而不是内部引发真问题的业务团队上。常见的情况包括:

- 产品或服务引发的客户投诉,不去找研发、销售和客服,而要找公关团队来处理,但之前团队成员忙于业务,没有意愿也无法抽身参与到危机的协同处理中。
- CEO 的个人不当言论引发舆论抨击,为维持其声誉,要求危机管理团队联系媒体删稿,或者联系平台进行商业投放降低话题的热度,而 CEO 却不表示公开道歉。
- 企业人力资源团队在裁员时,失去善意的言行和举动,对离职员工恶言相向,导致员工在网上发布隐蔽拍摄的视频,引发舆论关注。但是公司却没有调整人力资源政策和离职规范,也没有对人力资源团队成员的胜任能力进行检核与处理。

这是典型的重舆情、轻管理危机的现象。

很多公司会用"舆情"来命名危机或者"意外"事件,这有 4 个方面的危害。

1. 管理的焦点发生偏离

舆情会让组织将事件的关注点放在处理媒体及其带来的品牌声誉损失上,而不是放在管理问题的解决和企业价值观的修正上。

删帖、搞定媒体和付费合作成了处理危机的核心动作。其实根源在自己身上,因此这种处理危机的方式本末倒置,后患无穷。

2. 对灰犀牛类的风险漠然视之

组织内会形成默契:如果媒体没有报道,那么企业就不必投入精力去应对,即不浮出水面的风险和问题就不是危机。

这会导致企业对自身问题、正在酝酿的风险,抱着漠然视之、任其发生或者侥幸的心理。

面对"灰犀牛"的来袭采取漠然视之的态度,会导致企业未来一次又一次掉下危机的悬崖。

3. 风险和责任仅被锁定在公关部门

舆情事关舆论和媒体,企业内部自然而然地认为这都是公关部门的事,与其他部门无关。当公关部门在跨部门组织协同和危机战备的时候,其他部门就会觉得事不关己,敷衍了事。

但是,问题、风险和责任是属于每一名员工的。上到CEO、董事会,下到基层员工,每个人都分担着风险和责任。

比如食品非法添加或产品质量问题是品控部门的职责范围,但涉及民生消费和食品安全;广告宣传不当,是市场营销部门把关不严;法务部门公事公办,但是却赢了官司、输了格局。

在舆情的思考框架下,这些具有热搜基因的重大"意外"事件,都会变成公关部门的事。但事已至此,公关部门也无力回天。

4. 媒体维护成本增加

当删帖和搞定媒体成为核心动作时,媒体维护成本和所谓的正面报道费用就会越来越高。某些公司 IPO 前的营销费用高涨,很大一部分是用在了公关上。

也许不少企业还在把搞定媒体作为公关的核心任务,其实是误判了喧哗的多元自媒体时代。

所以,不要再用"舆情"代称危机了。同时,把真问题还给业务部门。

思考题 6-2　如何把真问题还给业务部门

1. 你是否遇到过公关部门给业务问题背锅㊀的现象？
2. 哪些危机背后的真问题应该归属到业务部门？
3. 哪些舆情其实不是公关部门能解决的？

认知清单 15：控制蔓延：次生危机、集群危机与红酒塔效应

2015 年上映的战争电影《地雷区》，讲述了 1945 年 5 月德国纳粹投降之后，丹麦西海岸线附近埋置着战时留下的 150 万颗地雷。2000 多名德国战俘被送往雷区，徒手排雷。其代价是一半以上战俘的伤亡，而其中绝大多数都是孩子。㊁

如果我们把每一次危机都看成一颗地雷，那么无数个地雷就是无数个风险点。这些风险点在海岸线上星罗棋布，它们是被无数伤者描述和战犯供述确定下来的。

地雷区是沿着海岸线被划定出来的固定区域，周围被铁丝围栏圈起来，所有的风险点都被涵盖进去了。

对应在企业危机响应中，要避免次生危机、集群危机，需要关注危机的红酒塔效应。

次生危机

次生危机是由伴生风险发展而来，由主要危机引发的系统性崩溃和失效而导致的。次生危机看似与主要危机无关，其实是由组织决策的权衡失效和执行的僵化导致的。当一颗地雷引爆后，组织要避免地雷区的其他风险点被连环引爆。在地雷区

㊀ 网络流行词，是"背黑锅"的简称，指"为他人承受过错"。
㊁ 豆瓣电影. 地雷区 [Z/OL]. [2024-02-08].

内，要慎思慎行，避免踏进地雷区，引发连环危机。

电影中有一个场景：四个男孩负责将排查出来的地雷搬运到卡车上。在他们边干活边聊天时，一个男孩把一颗地雷轻轻"抛"上卡车后车厢。只听一声巨响，所有地雷被引爆，四个男孩也粉身碎骨。

红酒塔效应的集群危机

公司在处理地雷区类型的危机时，要小心谨慎。不要在处理 A 风险时，触发了 B 风险，在引爆后产生集群危机，那就不可收拾了。

比如某舆论质疑的是定价过高（贵不贵）的问题，随后就会带来对产品值不值的全面审视，从而引发产品质量、成分瑕疵、过度宣传、企业性质、用户口碑等全线的系列风险。图 6-1 展示了避免危机蔓延的红酒塔效应。

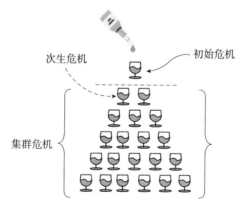

图 6-1 避免危机蔓延的红酒塔效应

当危机爆发时，舆论像打开瓶塞的香槟，喷涌而出，冲击力十足。如果组织没有解决好初始危机，公众的注意力就会从红酒塔的顶端开始向下倾泻，次生问题被暴露和揭示，引发次生危机。如果舆论关注的热度持续，或者因为企业的回应不当，公众的注意力会继续向下倾泻，直到覆盖组织的方方面面，集群危机全面爆发。这对组织而言，是场灾难。

避免危机蔓延的最佳反应行动，就是尽早响应和处理初始危机，引导信息流，掌握故事主动权，避免行动引发次生危机和集群危机。

行动清单 12：聚焦主业：保持经营连续性

危机响应是极端状态下的管理行为。在极端状态下，保持核心业务的稳定性，是组织的基本盘⊖。如果危机直接冲击核心业务，就要尽快恢复。

成立经营连续性小组，由主管业务的首席运营官或者总经理负责，下设经营连续性和经营恢复两个小组。在危机响应阶段，侧重经营连续性；在危机修复阶段，重心转移到经营恢复。经营连续性小组负责保持核心业务不受干扰地稳定运行。比如：

- 一线员工对外回应的统一话术需要请危机管理团队提供。
- 灾害后的电力恢复，需要请政府事务团队抓紧时间向能源管理部门申请施工。
- 食品原料批次召回，需要协调采购和供应链部门，在更换合规供应商后，确保物流不中断。
- 一线员工接到媒体采访邀约时，一并转交公关团队接洽。

经营恢复小组需要动态跟进评估危机中受损的系统、设备、信任、业务、客户等情况，预估修复的成本和投入，为恢复经

⊖ "基本盘"是指那些改不了、夺不走、丢不掉的东西，也是企业谋求长远发展、稳健运营、自身所应具备的内在价值和存在意义。

营做准备。

比如，银行因为网络瘫痪、云服务因为服务器瘫痪，造成无法交易的情况；工厂发生火灾，无法正常生产等。

为保持连续性和经营恢复优先配置资源和提供支持，与首席运营官或业务负责人沟通。

行动清单 13：资源保障：粮草充足

作为组织能力的危机管理有 4 个维度[1]：

- 情境管理：管理组织在风险失衡的情境下，如何恢复平衡。
- 资源管理：在危机的约束条件下，如何配置与使用资源。
- 沟通管理：如何与利益相关者重建信任、恢复共识。
- 过程管理：如何做好危机响应的机制和行为策略。

危机管理需要调用大量资源，获得资源的速度、密度和质量决定了危机管理的效果，危机中的 6 种资源管理如图 6-2 所示。

图 6-2 危机中的资源管理

人力资源

人力资源就是危机管理需要涉及组织内外的所有人。它不

---

[1] 胡百精. 危机传播管理 [M]. 3 版. 北京：中国人民大学出版社，2014.

仅包括危机公关团队的执行人员，还包括公司的决策委员会、所有第三方的咨询公司、外部的公关执行公司、可以争取过来的意见领袖友军等。当然，它也包括创始人、CEO或总裁。

在危机处理的进程中，人力资源知道在什么阶段需要什么人介入，并且获得所有人员的支持。这是人力资源配置的关键。

在危机沟通阶段，既需要组织内部的撰写声明的撰稿人，又需要法务、内控相关的审核人，最终还要交给CEO或者品牌公关的VP做最终的审核。随后会有社交媒体专员发布。舆情监测专员和第三方的咨询顾问动态跟进，由此决定下一步的策略调整方向。意见领袖友军会帮忙转发或者评论该声明，表示对组织的支持。如果声明中涉及该事件的受害人，还要对接人与受害人达成共识。

不同的组织架构和企业文化还会决定一些关键性因素，比如在某些央企和国企，遇到某些重大事件还需要咨询上级主管部门的指导意见；在跨国公司，还需要征询总部的意见。

思考题 6-3 危机中的人力资源管理

1. 在危机管理中，你觉得目前的人手够不够用？如果不够用，缺少哪些角色和人员？
2. 总分10分，目前团队里的人对你的信任度和忠诚度分别是多少分？
3. 是否需要单独再招聘一个人？还是把它作为一个功能模块，让现有的人员承担？
4. 除了你对其直接具有领导权的人，你还可以动用哪些人？这些人分别在你危机管理的行动中承担什么样的角色？你是否有足够的信心和权力调用他们，完成组织共同的挑战？

5. 如果面临挑战和阻碍，这些挑战和阻碍是什么？你将通过什么样的措施和手段来解决它？

关系资源

关系资源就是在危机管理中需要动用的各种关系资源和关系网络。

一个组织与各种不同的利益相关者和公众建立起来的广泛联系和长期印象，也会成为可以使用的资源。比如某些品牌在出现负面事件时，评论区是一面倒地表示理解和支持，这就是该品牌长期与网络公众建立起来的信任契约在发挥作用。

关系账户中存的"钱"够不够，就在于平常的创建、维持和管理。

思考题 6-4 危机中的关系资源管理

1. 思考一下，在危机中，你有哪些可以动用的关系资源？
2. 这些关系资源分别可能在哪些典型的危机情境中发挥价值？
3. 你是否做过关系资源的盘点和梳理？
4. 你是否意识到一些之前没有觉察到的关系资源？
5. 你是否开始注意到有一些关系必须从零开始创建？
6. 你是否注意到有些关系资源已经薄弱的不足以发挥价值，只是表面文章？
7. 在动用这些关系资源的时候，你可能面临的最大挑战和障碍是什么？

信息资源

信息资源，是指你是否具有进行危机管理所需的全部信息。

信息权是管理中重要的决策因素。

我们在前面讲过信息链和信息网络，创建流畅高效的信息链和信息网络，前提是，是否有足够的信息权去获得和使用信息资源。

试着看看能否回答以下问题：

- 你可以参加哪一个层级的会议？
- 你是否被屏蔽在某些组织的信息之外？
- 当你试图越过信息藩篱时，需要获得哪些批准和允许？
- 你要怎样向上司声明，你之所以要得到这些信息，是因为它们对你的危机管理工作至关重要？
- 你如何决定这些信息的向下分发以及分发到哪个层级？
- 如何对危机中流动的、分散的信息进行集中化的管理和约束？
- 如何鉴别信息的真伪？
- 如何利用信息去做决策和行动？
- 如何辨别危机管理中的假信息和假信号？
- 如何直觉判断这些假信息是基于什么样的人性假设被创造出来的？
- 你有多少信息来自平行部门的主动告知？
- 你的组织使用了多少种获得信息的技术手段，比如舆情监测程序应用？

思考题 6-5　危机中的信息资源管理

1. 你是否获得了危机管理中足够的必要信息？你是如何判断的？
2. 是什么导致了信息的缺失？如果想要获得这些信息资源，你需要做哪些工作？

3. 想要获得足够的信息资源，你需要获得官方和非官方的哪些人的授权和协助？你如何做到？

金融资源

金融资源就是你可以在危机管理中动用的资本和资金。

这部分是最审慎的资源获得和使用。危机管理团队在年度规划中可以预算以下费用：

- 外部第三方公司费用。
- 媒体关系与维护费用。
- 公关传播项目费用。
- 内容制作和传播费用。
- 平台推广费用。
- 财经公关费用。
- 危机公关处理准备金。

看上去，似乎只有第 7 项与危机公关有关。事实上，危机管理工作在于日常，前面 6 项费用的使用直接决定着危机的处理效果。

花钱部门如何把钱花出效果，在关键时刻体现出日常花钱的功夫，考验的是真实力。

比如，负面信息爆发，你日常维护的媒体也转发评论了这条负面消息，然后领导问你："这不是咱们合作媒体吗？为什么还会爆我们的负面消息？"你该怎么回答呢？

你可以说："采编和创收是两条线，两边互不干扰，虽然会私下打招呼，但还是不可避免的。"

懂行的领导接着问："那你为什么不经常和负责采编的主编、总编辑联系呢？你的微信有他们的微信号吗？咱们发的声明，这家媒体跟进追踪和澄清报道了吗？"

你说："没有。不会。"

懂行的领导接着问："那为什么咱们还要花这笔钱呢？是不是年底停止合作，砍掉这部分费用算了？"

…………

花钱不是本事，花钱后能够有效果，才是真本事。

有大预算不是本事，用小预算得到大效果，才是真本事。

花钱解决眼前的短期问题和危机不是能力，花钱维护长期的品牌和组织声誉，才是真本事。

拿到预算不是本事，经得住领导一系列追问，还能问心无愧、对答如流、胸有成竹，才是真本事。

思考题 6-6　危机中钱的管理

1. 你认为目前用于危机管理的"钱"够不够？
2. 如果不够，还缺少哪个模块的钱？是否需要提交补充预算方案？
3. 你判断目前有哪些费用是可以削减的？削减的百分比是多少？
4. 你能确保花出去的每一分钱都问心无愧吗？
5. 你能区分坚持长期主义的投入和解决短期问题的投入吗？

声誉资源

声誉资源，就是社会公众和公司的利益相关者对公司的总体评价和倾向。

如果公司有良好的声誉，恭喜你，你的工作有了良好的基础和强大的友军；如果公司的声誉不佳，恭喜你，你有机会反败为胜，提升空间巨大。

物质资源

物质资源，就是危机管理中可以使用的一切物质资源，包括专属的作战室功能、舆情监测软件等，也包括虚拟在线会议室等。

| 第7章 |

S：
危机的结束与消散

认知清单 16：终局推演：危机的 5 种结果

鲍勇剑教授用系统的开放／多元程度坐标，厘定了危机的 5 种终局：解困、解决、解析、解散、解放（见图 7-1）。

系统对外开放程度越高，行业性问题和内部问题就越能够充分地暴露、讨论和行动。对内积极响应行动，予以解困；对外凝聚共识，协同找到解析之道。当问题得到解析和解困后，全体解散。

系统多元、多样和精密程度越高，越能通过组织内的问题分析和管理将系统复杂问题的拆解和行动过程展示给公众，鞭辟入里，使问题得以解决，或者以表演的方式解决。当这一问题升级为公众议题时，问题解决的这一刻，就解放了所有利益相关者。

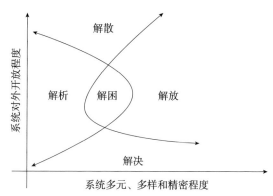

图 7-1　危机的 5 种终局

资料来源：鲍勇剑. 危机协同论 [M]. 上海：复旦大学出版社有限公司，2021: 33.

每种终局各不相同，我的总结如表 7-1 所示。

表 7-1　危机的 5 种终局

类型	特点	适用	类型
解困	采取实际行动，积极主动	危机响应和处理	服务纠纷
解决	封闭系统，简单因果，组织可控；表演解决过程；主动	组织内的问题管理	产品质量
解析	暴露盲区，增进共识；协同	行业问题管理	食品安全 数据隐私 环境污染
解散	降低关注度，转移注意力	刁钻、无解的问题	裁员 性别歧视 价值观议题
解放	升维解决问题，主动、长期	公共议题管理	垄断和竞争

资料来源：鲍勇剑. 危机协同论 [M]. 上海：复旦大学出版社有限公司，2021: 32-36.

危机的终局选择，从上到下，其复杂程度依次升高。

解困和解决只需要做出内部决策。行动结束，问题解决，危机自然也就烟消云散了。

解析，往往是由一家企业的危机反映出行业性的普遍问题。每一次危机的爆发，都能够提升公众对这一议题的认知程度，在行业的动态发展中，逐步完善和提升产品质量。对于单一企业的当下危机而言，是不可避免的行业性危机。比如食品添加剂之于食品行业，驾乘安全与耗能排放之于汽车行业，数据隐私和信息安全之于网络平台行业。企业的选择之道，是秉持促进行业发展的态度，以促进公众认知提升，把每次危机的响应和沟通作为增进共识的机会，采取行动。

解散，往往是刁钻、无解的问题，这类问题的爆发防不胜防。有的是根植于人性，比如性别歧视、网络暴力；有的是新的媒介形式出现后带来的负面效果，比如短视频对青少年认知和价值观的影响。这类问题难以得到根本性解决，企业只能静待新的热点出现，从而转移公众的注意力。

解放是危机终局的最高境界。对于当下的公共议题，升维予以解决。比如针对城市出租车行业的打车难、投诉多、服务差的问题，引入网约车模式的竞争机制，对于消费者来说，是一次彻底的解放。

不同的终局类型，直接决定着危机后组织复苏的速度和成效。

思考题 7-1 危机的 5 种终局

1. 你所在的组织，最近一次危机的终局属于哪一类？
2. 在这次终局里，组织都做了哪些行动？这些行动哪些是内部的，哪些是外部的？

3. 每种不同的终局方式，使危机消失的形式有什么不一样？

4. 你遇到过的最艰难的终局属于哪一类？

认知清单 17：复苏判断：乍暖还寒时

危机是叙事。"一切又恢复了往日的宁静"，当这句话出现时，就开始进入复苏阶段了。

危机的结束就是复苏的开始，但是哪些迹象可以判断危机已结束？这可以从以下 9 个角度分析。[⊖]

目前危机响应处于什么阶段

回到本书图 0-1，可以判断出目前危机响应处于什么阶段。更直观的判断是，CEO 已经不再过问这一事件。

从内部视角来看，如果在前面阶段确定的行动清单已经大部分完成，应对计划和危机沟通计划也已经完成，那么表明正在迈入复苏阶段。但是，如果仍然有很多工作在计划中且尚未完成，那么企业就需要推迟有关复苏阶段的决策，而应该更持续关注危机的应对工作。

受害者和受到波及的人是否还会站出来继续申诉

如果受害者已经得到了妥善安置，期待和需求已经得到满足，赔偿已经进入个人账户，伤害也已经停止，受害者已经不再提出新的需求，那么表示受害者对当下状态满意，也就代表企业已经进入复苏阶段。

但是，如果受害者的一些需求还没有得到满足，尚且等待

⊖ 本清单内容参考：科尔曼. 危机沟通：危机下的管理、应对与复原力构建 [M]. 邓竹菁，戴治国，译. 北京：中国科学技术出版社，2021.

下一轮的谈判，或者涌现出了新的受害者，这都表明危机还没有完全结束。

危机是否得到有效控制，范围没有继续扩大

如果是自然灾害危机，那就要看看应急管理部门是否报告危机已经解除。如果是事故类危机，那就要看看事故是否已经得到了有效的遏制，伤害是否已经停止。如果是被黑客攻击的网络安全事件，那就要看看系统是否已经恢复正常，安全漏洞是否已经得到了修补？

根据我在前文提到的红酒塔效应和次生危机理论，还要关注危机是否已经向组织中其他类型的危机蔓延，而组织还未察觉；或者是次生危机正在酝酿中，还没有被发现。只有做全面的分析和检核后，才能确定危机是否得到有效控制。

如果情况正在恶化或范围还在扩大，就要推迟进入复苏阶段。

企业的业务运营是否能恢复正常

在危机响应中，企业的核心资源和管理层的注意力都会被吸引到危机应对上，这会影响正常的业务运营。

除了企业的业务运营恢复，利益相关方或者行业上下游是否已经恢复了正常，也需要企业考虑。

比如在大流行病期间，很多的连锁经营行业都歇业了。市场恢复以后，很多连锁门店抓紧开张做生意，但是客流量并没有如期恢复，导致门店业务量萎缩，在极端情况下入不敷出，这就无法恢复正常运营。大环境的危机结束了，但是企业面临的行业性危机还在蔓延，企业也无法进入复苏阶段。

监管机构的调查是否已有结果并公之于众

靴子尚未落地前,别放松警惕。监管机构的调查,有时候才是给危机一锤定音的时刻。如果调查取证的时间比较长,不是一两周,而是几个月甚至几年,就需要审慎地确定复苏的时间点。

危机沟通的频率是否降低至每日报告

危机响应中的内外部沟通频率,从每 1 小时一次到每 3 小时一次,再到每 12 小时一次,最后到每 24 小时一次,逐渐降低。

当沟通频率降低到隔日报告时,说明危机已经进入平滑善后阶段,组织无须每日沟通和决策。如果危机还在每半天报告一次的频率中,就无法进入复苏阶段。

参与危机响应的人员是否缩减

在组织中,参与危机响应和处理的人员数量,会随着事件发展的顶峰到达峰值,随后下落。一线部门逐渐恢复工作和生产经营,非关键部门在处理完相关事务后,也会逐渐撤出,只剩下公关团队和 CEO 在跟进危机的善后工作。CEO 仅仅是花费 10 分钟关注一下事件的后续,而不会把 50% 以上的精力都投入进来,那说明企业可能步入复苏阶段了。

人们是否开始停止讨论危机状况,着手恢复正常业务

如果各部门开始恢复业务运转,那么企业就可能正在走向复苏。危机响应中各部门会疲于应付,人们会议论纷纷,业务也会中断。只顾低头在泥泞中蹒跚而行,顾不上抬头看天,更谈不上仰望星空。当各部门开始恢复日常运营并谋划未来时,

企业就已经做好了复苏的准备。

公众对此事件的关注程度如何

在各大媒体平台上，关于此事件的热搜话题是否已经从波峰降到了波谷？媒体记者的采访追问是否归零？后续的监测是否发现已没有新的议题出现？这都标志着公众是否还对此事件感兴趣。这是决定从危机应对转向复苏的关键指标。

如果受到危机波及的人还在疲于应对危机造成的影响；如果危机还会让公众心怀忧虑，有待组织做出更进一步的承诺、保证和采取切实举措；如果该事件的热度曲线还在下降途中，没有进入低空短尾；如果公众的评论还揪着一些关键问题不放……那么这就标志着企业可能还没准备好进入复苏阶段。

此时，如果企业贸然开始日常经营、营销活动，甚至只是发布一条看起来"正常"的社交媒体信息，都会触怒公众。企业有可能被指责，受害者尚且"尸骨未寒"，企业就遗忘伤害，重新开始。

如果以上的所有问题都已解决，那就放手让企业进入复苏状态吧。

行动清单 14：论持久战：管理长衰危机

长衰危机和背景危机

组织面临的危机可能会持续很长时间。社交媒体上的舆论危机涨落，不做干预可能 5～14 天结束。一错再错的回应和行动，如果挂在热搜上下不来，那就需要一个月结束。

如果企业危机叠加经济增长放缓期、重大公共卫生事件，就要动态决策，做好准备，应对长衰危机。长衰危机往往也意味着组织进入半衰状态。

半衰状态指的是企业的经营数据（销量、员工、利润、规模等）变成原来的一半。这一状态可能是半年，也可能是三五年。长衰危机恢复的速度和节奏，取决于背景危机的恢复。

应对长衰危机，韧性、坚忍和耐心是关键。同时，也需要在进行"正常"业务活动和保持危机管理之间找到平衡。

管理长衰危机的 7 个要素

1. 战略调整

在危机长期存在的情况下，组织战略将发生变化。企业以往的打法不再奏效，以往的增长路径遭遇断崖，危机的管理和响应也需要定期地评估和审计。

企业要评估战略发生了什么变化，迄今为止的危机沟通是否有效，事态可能会如何发展，以及迄今为止从危机中吸取了什么教训。

及时更新内外部战略，并确保危机管理团队清楚战略的变化以及在危机中行动的变化。

2. 关键评估

在长衰危机的关键时刻进行评估，评估危机沟通的有效性，并确保评估效果对组织的影响。

如果组织内只能通过线上沟通，那么腾讯会议、钉钉、Zoom 等在线沟通渠道将成为危机中的主要沟通方式。但是每天频繁地线上办公和线上会议，会打乱员工居家生活的节奏，也会在一定程度上影响团队的精神状态和心理状态。

根据员工的反馈，动态调整沟通频率、效果和产出，就是一种关键评估。

3. 沟通

在整个危机期间，保持持续的沟通，可能也是挑战。随着事态陷入胶着，以及受害者和内部员工对长衰危机的厌倦和疲劳，危机管理团队需要继续保持对话和邀请他们参与。

随着危机在几个月内的发展，要了解利益相关者对危机的想法和感受发生了何种变化。当利益相关者的意见和态度出现转变时，及时调整沟通策略和叙事方式。

当新员工加入组织时，他们需要了解危机的情况。此时，应通过将危机描述引入入职培训计划来实现。

如果组织内始终有明确的战略、系统和资源，员工就可以学会应对工作中的危机。

4. 聚焦

当问题持续很长时间时，很容易失去对问题的关注。要将问题管理纳入日常管理的沟通流程中。例如化工企业排放造成的环境污染，需要数十年甚至数百年的恢复，才能彻底消除危害。关于污染的治理和进展的沟通，就要成为组织日常经营管理工作的重要一环，纳入管理、考核、评估、审计和改善。

5. 关注情绪

如果只是专注内部问题以及危机如何影响组织的业务，而不考虑具体的人，组织就会遭遇挫败。

追踪网络和社交媒体上的公众态度，理解组织中员工的倦怠和疲惫，关注受害者在处理结果待定下的焦灼和压力积累，关注危机中所有利益相关者的情绪至关重要。

6. 确保资源

考虑长衰危机沟通所需的资源至关重要。在长衰危机中，可能需要额外的支持，以增强团队中负责管理长衰危机的人员。

例如，在某打车出行平台接受调查的案例中，为了应对监管调查，需要增加内部对接人员，专注于协助调查和处理问题。

如果无法获得额外的资源，则需要仔细安排工作量以及优先级。危机管理需要大量的人员和资源来应对，不能仅仅靠增加现有团队的工作量来实现。

7. 保持连续

在持续多年的危机中，公司管理层甚至 CEO 可能会多次更换。例如，英国邮政系统案⊖，当邮政资金失踪时，邮局起诉了 736 名邮政支局局长，许多人被判有罪，但随后发现是电子财务系统漏洞造成的。这个危机始于 2000 年，但直到 2022 年受害者的定罪才被撤销，并启动了公开调查。危机持续了 20 多年，在此期间，邮政系统的高管已经经过多次轮换。

确保在处理长衰危机中，记录和报告危机的持续情况，让所有人知晓危机的来龙去脉，确保对危机已采取合适的行动，确保组织策略的一贯性和延续性。

行动清单 15：关照员工: 3C 模型和 5R 模型

员工在危机中坚守岗位、履行承诺、付出努力，企业才有可能从危机中快速恢复。但在危机中，组织内的人往往得到的关注最少。人作为组织最重要的资产，在危机中受到的影响和冲击最直接。

如果企业能够率先考虑员工的疾苦和需求，倾听他们的诉

⊖ BBC News 中文. 英国司法史上最大冤案：邮政局误判"监守自盗"39 人维权 20 年终平反 [N/OL]. [2024-02-08].

求,切实解决他们的问题,尊重他们的贡献和福祉,员工也会以同等的方式回馈企业。

员工作为企业中的一员,在危机中有很多的行为选择。有的员工会从切身利益考虑,比如公司裁员,可能自己的职位不保,由此担心起来。有的员工会被朋友和家人询问:你们公司出了这种事,你怎么看?你的态度如何?你有什么内幕消息吗?有的员工恰好处于风暴中心,得知所有事实,但却有意或无意地对媒体泄露。由于员工发布的朋友圈或员工在社交媒体上发布的言论而造成次生危机的,不在少数。还有的员工可能担心公司撑不下去,转头去找新工作了。

所以,在危机的不同情境中,需要为所有员工或部分员工制订不同的计划。

如何关照作为利益相关者的员工:3C 模型

在小型危机中,作为重要的内部利益相关者,要对员工做到 3C:及时沟通(Communication)、关爱(Care)和共担责任(Commitment)。

1. 及时沟通

员工不应该从外部媒体报道中才知道危机的发生,这会极大地挫伤员工与公司的连接和员工的满意度。这是沟通的最低标准。

如果企业高管和危机管理团队在积极应对,全体员工却毫不知情,很难想象危机的应对措施会奏效。毕竟每个员工都是潜在的信息出口,随意发布一条微博或者匿名在一些职场社交平台上爆料,都会影响外界对危机响应的认知。

具体的沟通注意要点如下:

- 内部沟通的原则：透明、真诚、主动，和外部沟通一样。
- 描述危机的详细情况。
- 介绍组织正在采取的措施和行动。
- 告知全体员工现在需要做什么来支持公司（比如坚守岗位和做好本职工作，或者提供认为对危机的响应和处理有价值的信息和支持）。
- 告知员工在特定时期可以给他们提供所需的工作和生活支持，以及他们可以联系的对接人（比如自然灾害后，需要提前支取工资）。
- 明确表达公司的应对策略和态度。在价值观类型的危机中，员工可能会因为公司丑闻而感到羞耻，这是考验领导力和企业文化价值观的良好契机。
- 列出可以做和不能做的要点清单。
- 列出员工在危机期间使用社交媒体发布相关信息的指引。
- 给出公司危机管理和公关团队的联系方式。
- 给出遇到外部询问时的万能表达句，比如"这件事公司正在调查和处理当中，暂时我还不清楚，你可以联系我们公司的……"，并将询问信息转交公关团队对接。
- 由 CEO 和首席人力资源官共同发布内部沟通函。
- 保持持续的内部沟通，直到宣布危机解除，复苏开始。

2. 关爱

每个危机都会不同程度地影响到企业内的员工，危机类型的严重程度会影响员工对企业的信心。根据利益相关程度，将员工分类、分级，分别列出他们关切的事项。

- 介绍清楚危机以及公司的应对措施，对员工层面的直接影响和间接影响（例如因为融资失败，公司将会裁员 30%，并且砍掉两个业务部门）。
- 介绍清楚在措施方案中对员工的政策、补偿或安置（比如砍掉两个业务部门，员工可以申请内部转岗，也可以由 HR 安排第三方协助推荐职位）。
- 针对全员发布公告，说明和解答基本问题；针对关键员工或者组别，召开单独小组会议或多对一会议。
- 为了避免恐慌，只对确定性影响和行动进行告知，不做预告和推测。
- 对直接受到危机影响的员工，提供心理咨询和支持服务。
- 对员工由利益相关者变为受害者的情况（例如办公室霸凌、性骚扰或裁员等事件），遵循本书认知清单 2 和行动清单 5 的原则，善待受害者。
- 对没有受到危机间接影响的员工，及时沟通和安抚，打消他们的不安心态，使他们能够继续投入工作。

如果员工能够感受到组织的关心和支持，在危机结束后、公司声誉受损时，招募新员工和保留原有员工就会容易得多。

3. 共担责任

号召和鼓励员工保持稳定的工作状态，确保人心不慌、业务不乱。

比如在"9·11"事件之后，时任通用电气集团 CEO 的杰夫·伊梅尔特发出公司创立以来的第一封全员公开信，鼓励大家克服悲痛，砥砺前行。CEO 需要第一时间告知团队成员发生了什么，并且对团队成员保持信任和心怀感激。唯有此才能确保全体成员团结一致，共渡难关。

随后，杰夫和团队成员致力于艰难地恢复正常的工作和生活秩序、信心以及希望，他们夜以继日地忙碌起来。CEO 需要消化恐惧，不要夸夸其谈，更不要给出虚假的安抚。CEO 要在告知真相的同时，指出一条前进的道路并身先士卒。⊖

比如迪士尼前任 CEO 罗伯特·艾格，在和一场危机中受害的儿童的家长通电话后，双眼的隐形眼镜都被泪水冲了出来。但是他需要马上调整状态，因为 30 分钟后，他将要会见政府官员，还要带领他们参观乐园。他需要快速地切换状态，让所有团队成员看到在危机和悲痛中，CEO 依然能够保持稳定的工作状态。⊜

在危机中共担责任需要注意以下几个要点：

- 调研因危机导致工作无法正常开展的员工，帮助其恢复设备设施或工作环境（比如恢复因黑客攻击而中毒的电脑和内部网络）。
- 给出员工愿意参与危机响应和处理时或者提供他所知道的信息支持时，可以联系的对接人。
- 召开小型的自愿参与的沟通会或者各团队分别召开沟通会，讨论危机中如何更好恢复业务的举措。
- 高管增加在公司和团队中公开露面的频率。
- CEO 做内部的动员、倡议，鼓舞士气，号召全体员工并肩战胜危机。

⊖ 伊梅尔特，华莱士. 如坐针毡：我与通用电气的风雨 16 年 [M]. 闾佳，译. 北京：机械工业出版社，2022.
⊜ 艾格，洛弗尔. 一生的旅程：迪士尼 CEO 自述如何请比我优秀的人为我工作 [M]. 靳婷婷，译. 上海：文汇出版社，2020.

如何关照作为受影响者的员工：5R 模型

如果组织遭遇的是自然灾害、火灾、爆炸等重大危机，员工就会成为受影响者。他们要继续坚持工作，并消化危机带给组织、家庭和自己的影响。

美国危机管理专家杰拉尔德·刘易斯用 5R 模型来概括 5 种不同情境[⊖]。

- Remain：保持居家。
- Retain：在岗。
- Release：回家或前往避难场所。
- Relocate/Reassign：新地点办公。
- Return：返回之前的工作场所。

当危机发生时，需要告诉员工，是就地避难还是离开工作场所，或者告诉他们是居家办公还是彻底放假。如果告知员工彻底放假，这意味着公司暂停运营，会给公司带来业务连续性、财务状况、组织声誉和情感影响等问题，这也直接意味着员工收入的中断。

根据危机处理需要的时间长短，组织会将员工重新安置或重新分配到临时办公场所，或者转移办公地点。最终，在危机彻底消散后，安排员工回到原来的工作场所。

短暂离岗和返回

这是员工暂时离开工作岗位但仍留在现场的事件，比如地震、消防演习、工厂事故等，这类事件需要疏散人员。此时，

⊖ GERALD L. Organizational crisis management: the human factor[M]. Boca Raton: CRC Press, 2006.

需要关注的要点包括以下几个方面。

- 预定出口的疏散计划。这些计划应该张贴在办公场所的对应位置。
- 每次群体活动，如公司大会，都要宣读安全逃生和疏散提示。
- 建筑物外的预定会议区域。大型组织应为每个部门设置特定区域。
- 每个部门或地区都应该有特定的人员被指定为"联络员"，他们会跟踪事态以确保所有人都被记录下来。负责签到和发放访客通行证的接待人员或安保人员应该携带名单，以确保访客也被记录下来。
- 组织内有急救人员，他们接受过一些基本的急救培训，并配备一个小型的"应急包"，包括水、绷带、手电筒等。
- 如果应急设备已经分发，应将其保存在特定位置以便能够立即可用。
- 一年中进行 2~4 次疏散演习。

对员工的关照集中在保障人身安全、确保安全撤离不遗漏、保持员工情绪相对稳定等。

离岗：回家或者去避难场所

在火灾、恐怖袭击、台风、地震等造成严重后续影响的情况下，需要告知员工回家或前往避难场所。员工需要知道如何获取有关何时（或何地）回家的信息，以及何时返回工作岗位的信息。

在疏散期间或员工离开办公室时，安排高管在前台、大堂或办公地点外的露天场所与员工交流。在危机中，高管的出现会安抚员工的情绪。

美国"9·11"事件后，纽约市长鲁迪·朱利安尼每天都会出现在人群中，这种在场交流的方式为公众提供了精神安慰。

这一阶段的关键是安抚情绪和保持联系。

短期移岗：前往其他工作地点

办公地点的转移，会带来住宿、通勤、返家探亲、新旧团队融合等一系列亟待解决的问题。

如果发生大规模的灾难，如洪水、地震等，员工的家庭也会受到影响，只能与家人保持线上联系，此时无法照料和陪伴家人的情绪也需要关注。

长期移岗：重新分配或长期不返回（例如重大事件、设施关闭等）

2001年，美国邮政系统的员工在华盛顿特区的建筑物内感染炭疽病，导致2人死亡。调查期间，员工被重新分配到其他几个办公地点工作了2年，建筑物进行了全面的翻新和消毒。2年后，尽管检测表明建筑物内部环境良好，但有些人对返回感到担忧，有些人出于其他原因希望不返回，而其他人则准备按时回去。

在安排员工返回的过渡期，危机管理顾问提出以下关注点：

- 从上级到下级，先后回到现场。管理层先回去办公，然后是主管人员，最后是非主管人员和一般员工。
- 形式：安排培训和讨论。最优选择是在该建筑物内完成，次优选择是在其他地方。
- 时间要求：该培训应该在办公地点重新恢复使用的1～2

周内完成。
- 主管培训：安排全天主管培训，每组有 30 名参与者。讨论和处理主管关切的问题，并培训他们如何处理员工的这类问题。
- 高层管理人员分别出席每次培训，进行简短的讲话和回答疑问。
- 每场培训都应该有小组讨论，重点是如何处理他们可能遇到的问题。
- 制定注意事项和问题解答清单，可以分发给所有员工，以解决常见问题。
- 经理带着团队成员参观办公地点，在返场工作开始前一天完成，并进行 1~2 个小时的迎新会议。然后告知大家，明天正式上班。
- 第一天下班时，经理提前 15 分钟结束工作，与团队短会沟通。
- 在迎新日和第一个工作周，管理层应该密集地出现在全员面前。

在岗

有 3 种情况可能会要求员工继续在岗工作：

- 为了员工安全，比如原地避难。
- 监管架构需要进行调查执法。
- 需要员工提供一些危机响应时的关键服务。

当然，在灾害类危机中，某些岗位会涉及严重威胁和伤害，某些看似无关紧要的岗位也会被需要，比如：

- 在核泄漏事件中继续维持善后工作的人员。
- 在煤矿垮塌事故中继续地下救援的工作人员。
- 需要提供随时支持的人，包括医疗保健、执法、公用事业、酒店、交通运输等。

事先确定关键且必要岗位的工作人员，确保每个工作人员都为这种可能性做好准备。留在岗位上的员工可能会处于巨大的压力中，这会影响到他们的家人，因此建议如下：

- 定期与这些员工会面，明确他们在危机中的角色，满足他们的需求。
- 请他们列出需要支持的部分，包括家庭支持。例如接送孩子、照料年迈父母等。
- 确定 2 组以上的轮值人员，让他们可以轮替休息。
- 看起来是小事，往往是大问题："我的父母要住院""我的孩子没人接送"等。

行动清单 16：行动汇总：爆炸点、冲击波和争议点

本清单是响应行动的汇总，我用地质灾害的隐喻展开。如果把一场危机视作地质灾害，处理的过程要沿着危机的爆发路径和影响路径去设计。

处理爆炸点：发起人和受害人

处理危机的爆炸点，就是要处理源头，也就是处理发起人和诱因。源头可能是受害者，可能是媒体平台，也可能是监管机构。

对于受害者：

- 行动原则：减少损害，恢复平衡；理解动机，明确诉求。
- 行动方式：往心里看，从自己的心出发，抵达受害者的心。
- 行动要点：关切与同情受害者，表达负责态度，做出务实承诺，实施损害赔偿，保持沟通互动。

对于媒体和平台：

- 行动原则：响应公众的核心关切。
- 行动方式：上天入地。从"上帝视角"全面俯瞰所有的意见和观点；用农夫心态翻检每一株"杂草"。
- 行动要点：动态监测舆情走向，追踪代表性账号的态度和倾向，确定下一轮发布的核心内容等。
- 决定是保持沉默，还是回应，以及如何回应。价格类等运营议题如果没有造成严重的后果，则无须回应。如果涉及文化价值观议题，就必须回应。

对于监管机构：

- 行动原则：遵纪守法，合规经营。
- 行动方式：从红线上挪开脚，退回到界限内。
- 行动要点：积极沟通监管要点和涉事法规，了解监管意图，确定整改行动，尽快执行，反馈效果。

对于触犯公众的社会议题或者违背文化价值观的行动：

- 行动原则：顺应公序良俗，回归到共同价值观。
- 行动方向：回头看，走进组织的"地下室"。
- 行动要点：对内检查文化价值观的落地疏漏，修订或重申文化价值观；对外发布声明，坦诚道歉，重申价值观，有明确受害人的，启动补偿。

吸收冲击波：开启泄洪闸，创造缓释区

危机爆发后，各种利益相关者都会相机而动，各类追击者也纷至沓来，由于红酒塔效应，次生危机和衍生危机可能接踵而来。这就像海啸过后的一轮轮冲击波。

如何处理冲击波？沿着利益相关者的关切展开，不要用错了力，被千头万绪的事情扰乱了方向。

冲击波来自利益相关者，其中需要列出：

- 关键利益相关者名单，以及哪些团队成员负责与他们沟通。
- 使用决策树，详细说明组织在危机沟通中应该和谁主动或被动地联系。
- 回应由利益相关者团体发起的各种危机沟通方式，比如投资人来电，消费者投诉等。

应对冲击波的方式就是与可能的利益相关者提前沟通。

在冲击波酝酿之前，找到引爆点。在冲击波到来之前，构筑好防洪堤。

比如危机发生后，预料可能出现由外而内、自上而下的监管风暴，就应该按照战备预案采取以下行动：

- 提前联系公司注册属地或危机爆发地的监管机构，告知发生的情况以及品牌方的态度和行动，留下紧急联系人对接。
- 跟踪事件发展态势，更新事件处理进度报告，并发送给监管机构对接人，保持互动反馈。

- 确定监管机构的核心关注点，及时确定整改方案和措施，报备监管机构对接人。
- 如遇技术鉴定，需要引入第三方，咨询监管机构是否具有权威性和认可度。
- 如有热搜级的重大舆情，及时通报给监管机构。
- 随时准备配合监管机构的执法行为。

比如预测到向上管理的压力，预测到 CEO 或创始人会过问危机的处理情况，就要提前管理这轮自上而下的冲击波。其目的是：

- 降低未来 CEO 对危机的震惊程度和焦虑程度。
- 把 CEO 很重视的信号传递给组织内的其他人。
- 让 CEO 成为运筹帷幄的英雄，而不是依赖你的被动者。

尤其是那些具有重大影响的危机，与 CEO 的职业生涯和领导力声誉切身相关的危机，可以采取以下行动：

- 第一时间把坏消息报告给 CEO，因为你得到消息的时间可能比他晚。
- 汇报你的初步判断，简要介绍你当下的行动和措施，并直言最严重的影响和后果。
- 寻求反馈，明确 CEO 的核心关注点，明确 CEO 所期待或者焦虑的问题。
- 继续行动，并且报告。

这些行动足以应对第一轮冲击波，这是在预判和决策阶段要采取的行动。

在处理中，持续做好如下事情，应对第二轮冲击波：

- 经常在过程中转换到 CEO 视角。这样处理，对 CEO 和组织的影响是什么？CEO 的核心关注点是否在解决清单上？他的期待是否被满足？他的焦虑是否在缓解？如果 CEO 的核心关注点与你认为的组织利益不一致怎么办？
- 把 CEO 视为资源，利用他做好协同推动工作。
- 把 CEO 视为专家，重视和善用 CEO 的危机直觉和管理能力。
- 在重要事项上，善用作为 CEO 的补充决策角色。不要越俎代庖，代替 CEO 做决策。有些决策必须由 CEO 做出，这是他的职责所在。
- 准备好随时回应 CEO 的询问。
- 帮助 CEO 准备好材料，以应对董事会或股东大会对该危机的质询。

以上所有行动，从一开始就确定好 CEO 在危机中的角色和作用，而不是事到临头，才进行说服和解释。这会避免你事后被焦虑的 CEO 辞掉。

满足争议点：诉求与满足

从争议点到认同点之间的差距，就是处理的实质。危机是平衡被打破，是期待出现差距，是利益被损失，是权益被损害，是权利被遏制。这一切，都是因为诉求没有被满足。所以，处理阶段的核心就是找到这个差距，弥补这个差距。

比如，最简单的消费者投诉。大多数为消费满意度做出的道歉，都是表面功夫和经营流程。几乎所有这类道歉都附带退款、更换商品、赔偿。这是企业沟通人员或者客服的工作。道歉不重要，关键是赔偿。

2018年一项对150万优步（Uber）用户的调研发现，不管有没有道歉，最有效的道歉方式是赠送5美元的优惠券。没有提供优惠券的道歉，在未来的公众消费选择中存在潜在的负面影响。

只要在可接受的范围内交易的风险和代价，就是品牌和消费者之间的博弈和妥协。

我家附近的一家大排档，从主管到员工，都善于做好预期管理。拿号等位时，员工说需要40分钟，实际25分钟就好。我点菜，他告诉我，热菜估计要1小时才能上，实际20分钟就能上。

危机战备

02
PART 2
第二部分

| 第8章 |

管理明天的危机从一年前开始：
A.C.T.·Ready© 3 步骤指引

认知清单 18：危机战备：A.C.T. 行动模型

我曾经接到过一个电话，对方是一家规模不小的上市公司的创始人。当时创始人面临的是门店员工感染新冠疫情的危机。消息传来，他瞬间不知道该怎么办了。我们电话沟通了半小时，厘清了四条思路。他照此执行，半天后局势就稳定了。

后来我问他："你们公司做过危机战略规划和战备训练吗？是否有危机情境下的行动清单和模板？你们照此执行就好，可能比我们在电话中讨论出来的那四条更有行动价值，更贴近企业现实情况啊。"

创始人回答我："我们曾经做过两次。第一次是在 IPO 之前,财经公关公司带着市场部和投资者关系部一起做的,我还参加过培训。第二次是在两年前的一次重大危机之后,我们找了一家危机公关培训公司,给我们的所有高管做了一天培训。你说的那些文件、模板、规划,我们也都有。它们在市场部总监和公关经理的电脑里,在总裁办的存档文件库里,也在合规部门的汇总文件里。后来市场部总监离职,有些没来得及保存的文件就丢失了。反正我也不在意这些文件、流程、清单,出事了肯定是直接找公关团队,搞不定再找你这样的外部顾问咨询就可以了。"

根据我对业界的观察和与同行的交流,这是绝大多数企业的现状:

- 危机不来你不理,危机来了你理不清。
- 危机战略规划的效果只在当天有效。
- 危机战备演练和训战基本没有。
- 危机管理基本靠人,不靠制度、流程和方法。

与危机战略规划相比,我更喜欢危机战备这个表达。战备就是时刻准备着投入战斗。

有效的危机战备应遵循 4 个原则:

- 危机战备的战略关键是在公司层面上解决危机管理中非经营管理类的问题,比如影响组织的声誉、股东信任的问题。
- 危机战备的管理模式是公司提供总体性指导和培训,向各部门和分公司业务板块发出明确无误的信号和指令,表明这项工作至关重要,希望所有执行团队能够参与其中。

- 危机战备的战术目的是要制订切实有效可用的方案、模型、清单和表格，以减少组织内的业务摩擦，减少反应所需要的时间，用清单式的管理和标准作业程序（SOP）来完成下意识的行动反应。
- 危机战备的权力机制是预先对所有的危机管理措施和行动进行授权，相互协调，减少官僚主义，并且加快反应速度。

比如曾经有位新能源电池行业的公关总监找我咨询解决危机响应速度不够快的问题。在梳理反应速度行动链时发现，在其公司内部盖公章居然会延迟半天到一天的时间。

当发现媒体有不实报道，要求对方更正或撤稿时，需要有加盖公司公章的撤稿函。公章是行政副总裁代管的，要先找总裁办主任，然后报批行政副总裁，才能盖章。这个链条要经过总裁办主任、行政副总裁两个批准信息节点，还需要一个物理行为，即媒体沟通专员去办公室找总裁办主任，得到许可后盖章。如果总裁办主任或行政副总裁中有任何一人出差或暂时联系不上，或者他们不能及时返回办公室取出公章，撤稿函就无法发出。

我给出的建议是简化这个链条。过了一个多月，公关总监告诉我，流程优化了。

这个流程改成公关总监被授予媒体事务类的盖章权限，可以直接找总裁办主任取得公章，而不再需要经过行政副总裁。如果总裁办主任不在办公室，也可以电话沟通确认后，指定办公室在岗人员提供。

只有解决在实战中发生的问题，才有可能打赢下一场战争。一个组织应该如何系统地规划危机战备？

危机管理最重要的理念是行动,美国危机管理顾问哈格蒂将其提炼为 A.C.T.[⊖],用于概括危机战备的 3 个环节:评估、创建和训战(见图 8-1)。

- 评估(Assess):评估企业文化、风险、情境、议题、利益相关者和团队。
- 创建(Create):创建危机管理的管理架构、项目和行动计划。
- 训战(Train):实施危机演练、培训与实战。

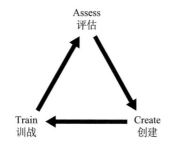

图 8-1 危机战备 A.C.T. 模型

资料来源:HAGGERTY J F. Chief crisis officer: structure and leadership for effective communications response[M]. 2nd ed. Chicago: American Bar Association, 2019.

在实践中,我使用这一模型来分析危机战备的三个步骤。

注意,这不是一个行动计划,而是一个循环往复的过程。你要像时刻准备着保家卫国、投入战斗的士兵一样,保持着战斗状态,从体力、心理到脑力,组织也是如此。经过循环往复,你的组织会发展出一种"流动"的危机响应方法。

⊖ HAGGERTY J F. Chief crisis officer : structure and leadership for effective communications response[M]. 2nd ed. Chicago: American Bar Association, 2019.

当一个管理行为变成"流动"的，意味着一切危机事件都可以被放进流动的河水中，得以冲刷、清洗和分解。

当一个管理行为变得凝固、僵化时，对危机的处理和响应也势必是凝滞、迟钝的。

不断评估组织可能面临的潜在问题和最适合处理这些问题的人员，持续盘点有效响应所需的结构和资源，坚持培训确保战备计划在高压下发挥作用……只有如此，你才可以评估哪些措施有效，哪些措施无效，哪些地方资源不足，哪些模板需要更新，哪个链条发生断裂，哪个流程阻滞不畅。

如果遵循 A.C.T. 模型，组织和危机管理团队将会拥有一个流动的、敏捷的、可以立刻响应和行动的危机计划。

为了进一步理解 A.C.T. 模型，让我们看看这些元素以及它们在创建危机计划期间是如何发挥作用的。

| 第9章 |

A：
评估企业文化、情境和利益相关者

认知清单 19：文化诊断：如何让 CEO 重视危机战备

组织面对危机的文化是看不见、摸不着的。很多公司的创始人和公关副总裁跟我说，公司重视危机管理，但是一遇到危机，就不知道如何应对了。诊断要先从组织的危机管理状况开始，去检视文化是否真正变成了行为。

CEO 对危机战备重视吗

公司声誉管理的第一责任人是 CEO 或总裁。危机管理的推动者和决策人也是他们。CEO 对危机管理的重视程度分为三类。

第一类是既有意愿也重视，同时还有行动。具体而言，就是招募相应的团队，配备相应的资源，给予相应的权限，在重大危机发生时追踪进度并监督检视。这种行为叫真重视。

第二类是有意愿也重视，资源配置到位，但是执行落地不到位，总是出现不大不小的问题。表面上看，问题好像出在危机管理和执行团队上，但根源问题还是出在 CEO 身上。如果像重视业务团队一样重视危机管理团队，相应的落实和配置应该不会出问题。问题的关键，要么是危机公关团队的负责人执行不力，要么是组织的协同力和执行力出现了大问题，都可以归因于 CEO 的组织管理问题。管理不好危机，就换 CEO。

第三类是没有意愿也不重视，口头上很重视，但实际上既不投入资源，也不配置团队。得过且过，等到危机来的时候，临时抱佛脚，能混过去就混过去。这是大多数 CEO 对危机战备的重视情况，他们既没有打过大仗，也没有经历过风浪。

不同的文化和心态，带来了迥然不同的危机处理结果。由此可见，管理者的认知能力对危机管理结果会产生非常大的影响。

以下是 3 种常见的认知能力要素：

- 风险感知能力。
- 风险承担的意愿。
- 对组织风险脆弱性的认知。

CEO 要在员工中推行一种时刻留意任何潜在的危险或破坏性事件的文化。这来自高层管理者重视并对危机管理有需求的组织氛围，也取决于开放的、倡导信息分享和尊重团队智慧的管理风格。

克服组织防卫：危机拦截成功率增长为原来的 13 倍

2016 年，我刚加入西贝，就遇到了一个危机事件。某门店地板湿滑，一位顾客不小心摔倒了。顾客身体虽无大碍，但是值班店长没有及时跟进，没有安抚顾客情绪，顾客对此不太满意。两天后，顾客在微博上发帖抱怨，被多位当地大 V 转发，引发争议。

随后总部公关团队和分公司负责人进行沟通，并与顾客重新当面沟通，表达了歉意。顾客的情绪被安抚，顾客在情绪平复后删掉了微博。

对危机事件进行复盘时，我们发现问题出在危机信息的内部传递上。分公司和门店都不愿意把负面事件报给总部，怕麻烦，也不喜欢报告坏消息。随后我们发现，发生危机不上报的情况很常见。通常直到事件不可收拾，被媒体曝光，总部公关团队才知道发生了什么，这时处理起来就很被动。

团队内部讨论后，发现"负面事件"这个词语本身代表着失败、错误和不负责任，会影响信息的上报。某分公司的总经理说："我是天不怕地不怕，就怕学友来电话。一来电话，就是负面事件被发现了。"

虽是笑谈，但的确反映了总经理的这种心态。

没有人喜欢错误和负面的消息。斩信使是一个组织面对负面消息的常见反应。即使在倡导说真话的企业文化影响下，说出坏消息，依然是一个挑战。因为你需要字斟句酌，小心翼翼，以免触怒领导。

我决定把负面事件改为"意外"事件，并且建立了"意外"事件报告单制度。按照分类、分级的原则，发生"意外"事件，要第一时间告知总部相关部门。报告单制度只考核汇报的速度，不追究一线员工的责任。

改名前后,上报"意外"事件的比例是 1 : 13.4,增长为原来的 13 倍。虽然总部公关团队的工作量剧增,但是危机拦截的成功率增长为原来的 13 倍。

思考题 9-1　如何调整危机管理中的习惯用语

1. 把你在危机管理中的习惯用语找出来看看,哪些可能会造成在组织内推行困难?
2. 如果要修改或者调整习惯用语,可以如何修改?
3. 为什么要如此调整?

行动清单 17:情境规划:凝视未来

危机管理是特殊情境下的超级运算,因为静态管理和常态管理是无法应对风险社会的高度不确定性的。危机情境的特点[一]是:

- 怀有各种不同意图的利益相关者交织在一起。
- 组织的管理能力处于极端高压和多重约束条件下。
- 技术、环境、人、组织等子系统的交接处高度模糊。
- 决策需要高度敏捷。
- 公共性和公开性强,一旦失误就没有解决的缓冲期。
- 管理人员要快速切换到不熟悉的新角色互动中。
- 核心团队成员的功能在不同状态之间频繁切换。
- 成败往往是 0 或 1 的选择。

[一] 鲍勇剑. 危机不慌: 在混沌中探索商业新优势 [M]. 杭州: 浙江大学出版社, 2014.

成功的危机战备规划都是基于场景和情境的，有些可能是基于虚构的公司事件，有些是基于自己组织中发生的事件。特定情境的准备是有效应对紧急情况和危机的关键因素，在特定情境中，一般的危机计划根本无法奏效。

必须提前确定公司可能面临的潜在危机情境，并提出有助于应对的流程、团队、工具和系统。这些独特的危机事件可能与人员伤亡、事故、数据泄露和其他技术问题、产品召回、舆情事件、火灾和其他事项有关。

需要考虑规划多少种情境

如果你为每个危机情境都考虑每个可能的变化，你会把自己和团队成员都逼疯。

曾经，我在与一位客户开会时，询问了公司面临的潜在危机之一的产品问题的情境规划。公关负责人很自豪地说，在品控、法务、客服和销售团队的协同下，他们准备了一份潜在的情境清单。

然后，她拿出了一份电子表格，共有 8 页，其中包含不少于 32 种与产品相关的危机情境，以及与每种情境相关的 16 个行动。

我对她的充分准备十分赞赏，但是实践告诉我：电子表格很全面，最终在真正的危机发生时却无法使用。它包含太多的信息，需要消化和分类。就好像飞行员在飞机发生问题即将坠毁时，无法使用几百页厚的技术手册去排除险情一样。我们需要的是简单有效的重要情境。

根据我的经验，一个声誉可能遭遇负面影响的组织，其危机情境可以根据潜在场景进行分类。

我经常将这些潜在的场景分为 9 类：

- 事故或灾害事件。
- 产品或服务问题（可能包括从产品召回到服务投诉的任何事情）。
- 网络或信息技术问题，包括数据泄露等。
- 与就业相关的问题，如办公室性骚扰、解雇员工、员工诉讼或歧视索赔。
- 对公司声誉有负面影响的财务问题（而不仅仅是公司的财务业绩或商业运营的其他非声誉方面）。
- 政府或政治问题。
- 法律问题，包括诉讼、调查或不利的监管行动。
- 对高管的声誉攻击。
- 媒体发起的质疑和攻击。

你和团队要回顾公司运营，并提出组织可能面临的、可以管理的问题和事件。具体有多少情境适合你的组织取决于你，但请记住：简单是成功的关键。

如何让 CEO 参与情境评估

CEO 参与情境评估和规划为什么重要？原因有 3 点：

- 减少未来 CEO 对"意外"事件的发生感到的震惊和焦虑，提前做心理按摩，打预防针。
- CEO 参与代表"领导很重视"，组织内的其他人也必须给予相同的重视。
- 当 CEO 亲自参加评估流程并且担任领导者时，组织在危机的应对方面会做得更好。

最好的操作方式是挑选出 CEO 应该出现在第一线的特定

情境。确定这是可能对组织最具有伤害性的危机、最容易造成人身伤亡的情况，或者是对组织有深远而持久的影响。只有与 CEO 的职业生涯和领导力声誉切身相关，才能引起他足够的重视与参与。

可以按照以下步骤进行：

- 挑选 3 个组织最艰难、最尴尬、最容易产生人身伤亡或者重大危机的情境。
- 邀请 CEO 来说明这些情境，并且说明届时他需要 C-1 职级[⊖]的人，比如 COO 或 CMO 去应对这些事情。所以这种演习对于全体高管来讲至关重要。
- 经常转换到 CEO 视角。危机管理团队有时候仅仅把 CEO 看作一个最高的行政领导，但并不是一个专业型领导，所以会选择性忽视 CEO 的危机直觉和管理能力。但是站在 CEO 的视角，他对事情的维度和判断会与其他人不同。
- 从 CEO 最关心的情境开始。有的人会认为监管部门的情境最重要，有的人会认为媒体的负面报道导致冲上热搜的情境最重要，还有的人会认为发生火灾或者有人员伤亡的情境最重要。因为 CEO 最关心的情境，往往在危机应对时，他给予关注最多，危机管理团队感受到的压力也最大，如果能在此时把相应的应对措施和行动方案都梳理清楚，把 CEO 的期望管理好，后续的行动就会简单得多。
- 与其他高管团队在这些情境中交流，确保他们都能够理

⊖ 指的是后文的 COO 和 CMO，也就是直接向他汇报的人，行政级别的下一个层级。

解在危机应对中的角色和责任，并且能够在需要的时候为他们必须做的事情做好准备。比如在涉及员工行为的危机时，需要人力资源的负责人出面去和受害者或者离职的员工沟通与谈判。这些资深人士可以对你的提议做出反馈，提出建议。

- 在重要事项上，避免替代 CEO 的战略规划角色。如果你这样做，CEO 就会跳过这项工作。在规划中不要越俎代庖，要帮助 CEO 去决定。他要决定开展的行动，那是他的职责所在。
- 某些情况下需要邀请外部专家进行应对和沟通，需要第三方的资源介入危机应对。对于这部分预算，如果你在为 CEO 关心的情境做准备，他会批准这些费用投入的。

以上所有步骤都是从一开始就决定好如何安排 CEO 和高层，以及他们在危机中的角色和作用，而不是事到临头做说服和解释的工作。这会给未来的真实响应设定基调和方向。

使用情境来确定危机问题

你可以使用情境来思考即将发生的问题，比如：

- 需要哪些资源？
- 谁会受到影响？
- 需要回答哪些问题？
- 可以预测到的伤害和成本是什么？
- 需要的外部协助是什么？
- 在情境中组织的弱点是什么？

使用情境思考，可以防止组织解决问题的路径依赖。让团队成员以未来的思维方式工作，从而避免了大多数关于过去的争论。

比如需要的人员，即危机发生时随时准备采取行动的危机响应团队，以及根据具体面临的危机情境需要加入的各类专家、顾问。这可以避免公司以为只要有危机管理团队就可以妥善处理所有问题，而不对这些人员的增加和外部顾问的增加拨付预算。

比如可以投入使用的后勤保障、技术工具和程序应用；比如为了增加团队的沟通效率，使用多人协同在线编辑的工具来编写和审核声明；比如对多个社会化媒体平台进行管理的内容管理系统；比如危机发生时紧急调用的危机作战室。这些可以避免公司看不到在执行细节中可能出现的资源障碍。

对危机情境的规划和管理，是组织能够经历的最有力的团队建设和集体学习活动之一。

开发危机情境

情境开发的两个最佳起点是组织的脆弱性分析和对过去严重问题的分析。所有人都参与到情境开发中，可以全面呈现每个情境中所出现的角色、事件、行动以及后果。下面会给出一个危机情境开发的参考模板。

模板：情境分析摘要

情况分析

简要地描述情况、潜在的问题和关键点，列出公司需要预测和思考的 4～5 个关键问题。

- 列出事实和背景，列出关键性的声誉问题。

- 确定那些内部或外部会直接或间接受到影响的人、组织或团体，具体到角色。
- 哪些事实、情况、谣言、信息和报道需要解释或澄清？
- 需要收集哪些信息？

策略思考

- 情境引发了什么样的议题？公众的关注点和组织的问题分别是什么？
- 需要快速做出哪些关键的管理决策？
- 决策的潜在后果和影响是什么？
- 每个人都需要做什么？

响应小组

- 谁做什么？确认响应人员的名单和关键行动的清单。
- 什么时候做？确定行动顺序。
- 期待达到什么目标或实现什么效果？

营运和业务

- 谁来决策需要做什么？列出必要的责任人和行动清单。
- 公司需要采取哪些行动纠正错误，使情况得到控制。

沟通策略

列出必要的以沟通为重点的行动步骤，来通知、提醒、教育和培训。相应的组成部分包括：

- 谁担任公司的发言人？
- 为什么公司会接受媒体采访？为什么公司不会接受媒体采访？
- 如何与公众沟通？
- 如何与员工沟通？
- 我们需要做些什么来帮助受害者？
- 需要公布哪些必要的应对措施？
- 不需要披露什么信息？

主题和信息策略

- 列出公司在与所有受众沟通时应该使用的关键主题和具体信息，包括内部和外部，特别是对内部的员工和明显的受害者。
- 如果需要发布声明，核心词和态度是什么？

问题清单和答案

- 列出并制订最有可能出现的具有挑战性和困难的问题。
- 列出所有可能的答案。

| 第10章 |

C：
创建危机管理架构、项目和行动计划

认知清单 20：项目规划：不是计划

很多公司在听到我说计划时，就会说："我们已经有了。"我问："在哪里？目前运转的情况如何？项目管理的进度如何？"这时，对方会打开一堆电子文档，指给我看预案文档。

但计划是按部就班，一步一步地按照给定的步骤来做。而项目则会增强组织的危机文化，要建立文化，不要仅仅制订计划。

计划是线性的，它不能完整地预测所有可能发生的障碍和问题，它只会遵循如果发生 A 就去做 B 的因果逻辑。

危机管理不是线性策略，也不完全是因果逻辑，而是一个复杂的决策分析过程。

飞机即将坠毁时,机长和副机长来不及看几百页的飞行手册。小规模的作战单元遭遇的战争场景千差万别,他们也不会有一本万能的问答手册。

危机的计划和预案是在危机管理中重要的参考和索引。团队不能依靠它来成功地管理一场危机,但你必须先有才行。

我们可以参照项目管理的模式来建立危机管理项目,以下是 5 个项目管理过程组,以及每个过程组的活动[⊖]。

- 启动:项目或项目阶段被授权。例如,启动危机战备规划项目。
- 规划:确定项目目标以及如何在项目范围、进度、成本、质量要求和风险的限制下达到目标。例如,在 3 个月以内完成。
- 执行:利用获得的资源执行项目。
- 监控:监督和测量项目的绩效,以确保项目计划按照设计规范和要求实施。例如,明确规定危机沟通手册项目可验收的标准是什么?
- 收尾:项目的所有阶段和合同都正式结束。

行动清单 18:设计管理模式

创建危机管理治理模式的 3 个原则

1. 与组织的治理结构和语言模式保持一致

所有不匹配的或花哨时髦的术语都要删除。比如,"危机领

⊖ JOSEPH P. PMP 项目管理认证学习指南 [M]. 王安琪,王伟,张楚雄,译. 北京:清华大学出版社,2016.

导团队""危机行动团队""区域危机管理团队"或"全球危机管理团队"等术语在跨国公司适用，但在国内的民营企业和私营企业未必适用。

有的公司会使用战区的组织架构称谓，适用于舆情而不是危机的表达，那就要把区域危机管理团队改为××战区舆情管理团队。

有一次我参加某化工集团的危机演练工作坊，听到一个词叫作"RCC"，请教后才知道指的是区域传播联系人（Regional Communication Contact）。

我反问了一句："你们在危机响应时，会用这个词吗？"他们回答我说："不会，太绕口，不好记。"我问山东区域的传播负责人："公司内一般怎么称呼你？"答："山东公司办公室宣传员小刘。"

我又问："如果简化成职责角色描述呢？"答："山东宣传主管。"我又说："那咱们以后就改这个称呼，大家觉得可以吗？"大家鼓掌通过。

那 RCC 是从哪儿来的呢？危机公关团队告诉我，这是照搬了某国际化工集团的危机规划方案。

危机战备规划应该使用所有员工和团队成员已经熟悉的组织结构和用语，适用于讨论、决策、批准流程，甚至团队成员的口头沟通。

2. 确保每个利益相关者群体都有一名代表出席会议

在评估危机对组织的影响时，要确保每个利益相关者群体以及每个潜在的业务影响方都有一席之地。方法是拥有一个多元化的、全面参与的危机管理团队。

比如，针对员工的传播，常常是在危机管理中后知后觉的部分，很多员工都是从外界的舆论报道中才知道公司有事发生。这样员工会对公司产生不信任感和不认同感。因此最好的方式是确保 HR 的负责人能够参与到危机管理的小组中来。

3. 全面负责与角色责任

全面负责与角色责任是两个重要的职责区别。危机管理团队中的每个人都将承担具体的角色，负责具体的行动，他们将负责执行或监督。

然而，只有少数人将对组织的整体危机管理负责。这种责任落在危机管理领导者的肩上。他们是决策者，并最终承担了组织危机管理的全部后果。

问责可以委托给一个人，例如 CEO 或者 CMO、CFO、COO 等几个集体成员。

确定和理解谁对组织的危机管理全面负责，谁只担负角色职责，将有助于在高压局势下采取正确的行动。

例如《中华人民共和国食品安全法实施条例》第七十五条规定："食品生产经营企业等单位有食品安全法规定的违法情形，除依照食品安全法的规定给予处罚外，有下列情形之一的，对单位的法定代表人、主要负责人、直接负责的主管人员和其他直接责任人员处以其上一年度从本单位取得收入的 1 倍以上 10 倍以下罚款：（一）故意实施违法行为；（二）违法行为性质恶劣；（三）违法行为造成严重后果。"对于公司的法人有负全责的要求，并且有明确的处罚措施。同时对于首席食品安全官也有相应的处罚措施，这就是我们所说的"处罚到人"。

危机管理中的角色和职能：谁，做什么

危机管理的治理模式中通常有 3 个主要群体。

- 领导团队。
- 负责团队。
- 特定情境的评估小组。

在这样的治理模式中，有几项要点需要引起注意。

首先，群体成员不仅必须熟悉他们的角色和责任，还必须熟悉每个对应方的角色和责任。

危机发生时，局势混乱。可能有人在休假无法及时到岗，如果发现缺少一些团队成员，就请暂时有空的团队成员及时补位，以有效完成工作。这说明了团队培训的重要性。确保危机团队的每个成员都有一两名候补代表，并确保这些候补成员也接受了适当的培训。

其次，治理结构的设计应考虑到角色和职能，而不是特定的人员。

最后，首席运营官将成为危机管理团队的一部分，他们在组织危机管理中的作用和责任取决于各自掌握的专业知识，而不是他们个人的特征、素质和优势。这很重要，因为如果人员发生调用，该头衔分配的角色和责任不会改变。

更具体一些，可能 CIO 是一个拥有百万粉丝的意见领袖，可以请他来作社交媒体舆情的负责人。这时，他在危机管理中的角色就改变了。

如果你专注于人而不是功能，在每次人员发生调用时，你都必须重新设计整个治理结构。

领导团队：谁领导

领导团队将由组织领导层的高级成员组成。他们负责启动公司危机响应流程，在整个危机管理过程中做出艰难的决定，并对组织的危机管理结果负责。职责包括：

- 评估事件的影响范围和对组织及其利益相关者的潜在影响。
- 宣布公司发生危机，启动危机管理行动。
- 决定组织的危机管理战略和应对措施。
- 及时批准危机沟通。

这个团队要尽可能小，但它应该能反映组织的治理结构，这个团队中可能只有一位公关总监或者公关高级经理。

我曾经和由两位联合创始人组成的高管团队合作过，过程中，需要多个团队协同做出关键决策。我也曾经与首席执行官直接沟通。不同组织的危机响应能力反映了它们的公司治理结构和管理模式。

负责团队：谁负责

负责团队将包括在发生危机时所有执行具体任务和行动的人。每个部门负责人、区域负责人或利益相关者都应该成为该团队的成员。该团队成员将承担一些共同的角色和责任，以及特定部门的角色和责任。每个成员都将负责以下事项：

- 就各自的专业领域向领导团队提供建议。例如，投资者关系部门负责人将负责评估危机对投资者和市场的潜在影响。
- 在各自的行动计划范围内开展既定的行动。
- 确保与各自的利益相关者进行及时有效的沟通。
- 确保及时向领导团队提供最新信息。

特定部门的角色和责任包括：

- 传播部门将负责起草组织的危机沟通文件，确保领导团队的成员迅速批准，并迅速向每个部门和利益相关者传播沟通。
- 法律部门将负责在整个危机管理过程中监督和管理任何法律风险。
- 合规部门将负责确保组织始终遵守任何可能适用的行业和/或组织法规。
- 人力资源部门将负责确保员工清楚知道公司发生了什么，可以和不可以做的、说的是什么。
- 投资者关系部门将负责向投资者解释事件对公司业务和价值的影响。

虽然组织的管理模式和治理结构可能会使领导团队和负责团队内部出现职责的重叠，但是明确定义的角色必不可少。

特定情境评估小组：由谁评估和升级

特定情境评估小组负责评估特定情境的初始潜在影响，并确定是否需要将其升级到危机管理团队，即负责团队和领导团队。不同的风险情境，可能需要不同的人员来担任这个角色，这就是为什么这些小组应该针对具体场景来评估。

我们以网络安全危机为例。信息技术团队的成员可能是第一个监测到事件的人。根据初步评估，他们本身并不能确定该事件是否构成公司危机。他们只能以自己的视角来看这一情况，而不能以全局视角来判断对组织的潜在影响。因此，信息技术团队需要有特定情境评估小组来帮助他们评估影响的潜在范围和广度，并决定是否需要升级处理。

这个特定情境评估小组的成员可能包括来自法律部门、合规部门、风险管理部门、会员部门、电商部门,以及受该情况影响的任何其他部门。人员迅速聚集在一起,确定事件是否需要升级处理。需要确保在发生潜在危机时迅速升级处理。同时当情况降级时,及时给出评估意见,不会让领导浪费时间。

特定情境评估小组的角色和职责包括:

- 与该团队的适当成员能够快速聚集。
- 评估给定事件的初始范围和潜在影响。
- 确定事件是否需要升级处理,以及升级给谁。

评估小组成员可能已经以非正式身份存在于组织中,这样的角色和职责是识别和加强已经在工作的流程。例如,信息技术团队讨论网络安全危机的高风险场景时,已经召集了一组特定人员评估威胁的风险程度,比如外部的网络安全专家和顾问。这些成员可能正是评估小组需要的人,事件发生时,只需要将这个过程正式化就可以。

对于每个高风险场景,指定一名关键人物作为危机管理的负责人。他应当是该场景的首席专家,例如在发生网络安全危机时,负责人将是首席信息官,而在发生监管危机时,负责人将是首席合规官或首席法律官。

行动清单 19:创建战备手册

危机战备手册包含所有行动计划和资源,这些计划和资源将帮助危机管理团队度过突发危机后的 24 小时到 48 小时。

危机战备手册是紧急时刻的危机管理资源,类似于手机包装中的一张纸质说明书。内容简明扼要,不需要团队仔细阅读一两百页的文档,需要有 8～10 页关于核心要素的内容即可。

我们以常见的高风险场景（食品安全事件）来举例。

组织的食品安全危机有很多灰色区域和变量待处理。因此，不要独自处理此场景（或任何高风险场景）的准备过程，与食品安全部门、运营部门、法律部门、合规部门、信息技术部门、人力资源部门和其他部门的合作越密切，你的准备工作就越实用。

向利益相关者收集信息

收集的信息需要确保涵盖食品安全这一高风险情境的所有必要信息，目标是全面了解什么是食品安全危机，以及团队将面临哪些挑战。

找到关键利益相关者的表单，看看你需要和哪些人聊聊以下问题：

- 食品安全事件什么时候会成为公司危机？
- 哪些数据如果被曝光，就代表危机启动？
- 哪些升级因素可能会影响食品安全危机的管理？
- 哪些复杂情况可能会使团队的危机管理任务更加困难？
- 此场景的子类别是否可能影响你的响应策略？
- 在此类危机爆发后的 24 小时到 48 小时内，每个部门和 / 或地区将负责哪些角色、职责和行动项目？每个部门目前是否拥有高效完成每项任务需要的一切资源？
- 食品安全危机如何影响组织的不同利益相关者群体？对于每个利益相关者群体，他们最在意的是什么？
- 组织需要注意哪些法律和 / 或监管风险或影响？
- 与此场景相关的品牌声誉风险是什么？
- 组织现在可以做什么或准备做什么，以减轻这些风险或潜在影响？

- 现在是否应该咨询第三方专家来帮助团队管理这种类型的危机？可能包括组织的外部公关机构、外部法律顾问、食品安全与风险评估专家、危机管理专家、监管执法人员背景的顾问等。
- 团队需要哪些类型的资源必须包含在指引中？

确定升级流程：什么时候要升级为危机

食品安全部、品质控制部等部门会定期处理食品安全事件。如何判断一个事件是否会演变成危机？

这需要确定谁属于这个场景的特定情境评估小组，以及如何展开响应流程。食品安全团队应该打电话给谁，从而帮助他们评估事件的潜在范围和影响？是决策层的食品安全委员会、负责层的食品安全协同管理小组，还是外部的咨询顾问？

如果食品安全团队认为必须升级处理，他们应该从哪里开始做以及做什么？应该直接升级到领导层，比如电话汇报给分管食品安全的副总裁吗？或者在达到副总裁之前应该有另一层评估吗，比如由食品安全总监协同公关总监、运营总监、采购总监共同评估？

一旦确定评估小组及其流程，就要向他们提供重要的标准、要求和问题，以帮助他们评估情况，并正确判断是否需要升级处理。例如，是否有人员伤亡报告或者监管部门抽检超标，需要立即升级处理？他们应该考虑、评估哪些其他潜在影响？这可能包括对人员、系统、运营或法律责任的特定影响。

通过与组织内的不同成员对话，你能够收集所需的信息并创建一系列问题，以帮助评估小组评估情况的范围和潜在影响。以下是收集信息时应包含内容的示例。

如果你能对以下任何问题回答"是",请立即将情况升级到危机管理团队的适当成员:

- 这种情况是否直接影响组织开展业务的能力?例如,它是否会导致大批餐饮门店关门停业,多批次问题产品亟待召回导致终端缺货(食品),或者媒体报道后会引发股价暴跌?
- 这种情况是否有可能对组织的利益相关者产生负面影响?例如这一批次的食品购买者是否会因此担忧和焦虑,甚至出现病例报告和集体诉讼?
- 从长远来看,这种情况是否有可能对组织的声誉产生负面影响?例如,它是否可能导致消费者失去对公司品牌的信任?
- 这种情况是否有可能给组织带来法律和/或监管影响?例如,食品添加剂超标或者餐具的菌落抽检超标,导致潜在的诉讼或监管调查?

如果评估小组确定该事件属于危机级别,就要升级流程,并确定谁来将事件升级到下一个阶段。一些组织希望负责团队成为下一个级别,而另一些组织希望立即升级到领导团队。

通过评估小组对事件的定级,组织能够快速直接做出判断,同时又能避免不必要的升级。

另一种情况是,如果食品安全部门的员工不是第一个得到信息的人,该怎么办?其他部门的员工知道他们应该立即向食品安全部门汇报吗?他们知道如何报告吗?他们需要考虑的事情有哪些?

我在西贝和锅圈食汇推动的政府监管"意外"事件报告单系统,就是用于全国一线加盟商门店填写、报告区域内的政府监管类事件。系统中需要明确写清楚如何上报、何种情境需要上报、上报给谁、上报的内容是什么。

完成指引：食品安全情境危机

1. 预案启动

预案启动部分的目的是为你和团队提供宣布和启动危机管理预案所需的信息。根据场景和组织偏好，应包括以下部分或全部内容。

战术启动指引包括对高风险情境的概述，以及把它定义为组织危机的标准。如有疑问，应参考之前的定义标准。你可能还想包括明确定义的危机管理级别，以便你的团队可以快速对事件的严重程度进行分类，等级标准如下所述。

危机管理级别的研判包括以下几个方面。

业务如常：

- 事件不会或不太可能给组织带来危机。
- 团队照常履行职责，组织运转正常。

战备级别：

- 事件很有可能演变成一场组织危机。
- 召集评估小组并研判局势的潜在影响，酌情升级或保持监测。

启动级别：

- 事件给组织带来了危机。
- 危机管理团队启动，组织按照危机项目计划开始应对流程。

- 注意分级分类后，确保所有类型的危机级别是一致的。

紧急通信表、联络机制和在线会议号：

- 谁来宣布启动危机应对？
- 如何通知危机管理团队？
- 什么时候一起讨论事件并决定后续行动？
- 工作时间发生危机相对简单，如果危机发生在晚上、周末或节假日，该遵循什么流程？
- 增进共识的沟通工具是多方电话，还是腾讯会议或者微信群语音会议？
- 有没有预先规划好的线下会议室和线上会议房间号？

升级流程是识别、评估和升级事件的全流程。在升级流程中，不要使用繁杂的言辞，可以尝试可视化图表或流程图，使其一目了然。

管理架构包含危机管理团队和组织内其他跨部门的成员。

24 小时行动路线图包括：

- 在 24 小时内需要采取哪些重大行动？
- 创建一个团队可以参考的可视化路线图，包含关键动作、责任人和步骤。
- 注意：待后续的行动计划和危机沟通策略完成后，重新将这部分的内容补充完整。

2. 行动计划

行动计划包括成功危机管理所需的所有幕后的、组织内的任务，这取决于公司的治理结构。例如，可以为每个部门制订一个专门的行动计划，也可以只给一个方向指导。

如果为每个部门提供一份专门的行动清单，帮助他们决策。这些任务考虑因素应包括：

- 在危机发生后的 24 小时到 48 小时，优先考虑每个团队成员负责实施或监督的关键任务。
- 为每个任务指定一个明确的负责人。
- 实施时间表。这包括明确的目标。比如，在危机发生后 1 小时内必须完成的事项。比如重大危机事件，1 小时内必须完成第一轮决策。时间线最终未必符合实际，但对于团队成员来说，理想的时间表是工作的基准。

没有集体的帮助和投入，就无法制订行动计划。每个高风险情境都需要不同的行动，因为没有放之四海而皆准的危机管理战略。只有了解每个场景及其潜在变量，才能展开讨论。

其中一些讨论可能会很困难，因为有些危机情境具有争议性。以食品安全为例，很多变量不可控。在与团队的不同成员进行必要讨论之前，你甚至可能不会意识到这些变量，例如：

- 如果团队成员早就知道食品安全存在隐患，但组织需要几个月甚至更长的时间才能找到真正的解决方案，他们会怎么做？行动方案应该是什么？法律责任或监管义务是什么，组织将如何遵守这些法规？
- 如果团队有答案，但其职责范围和组织文化不允许食品安全团队采取行动或与受影响的各方沟通，该怎么办？比如，某种产品一直存在添加剂含量的问题，虽然符合国家法规标准，但是经常在抽检中距离红线很近。
- 要不要更换供应商，如果更换就需要与采购负责人沟通。但是在没有明确违规的前提下，采购负责人是否愿意更换？

- 如果不换供应商，食品安全团队就要承担某次添加剂含量越过红线的风险，而只要一次抽检不合格被监管机构处罚或者被媒体曝光，组织就会面临失去消费者信任的声誉风险，该怎么办？

还有些高风险场景因价值观多元化而变得更加困难。例如，如果组织接到一名高管家属的举报，称其高管有个人作风的问题，虽然与组织无关，但：

- 在品牌价值和高管品行道德方面存在争议，该怎么办？
- 你将如何管理这种类型的危机？
- 你会建议组织对这位高管采取什么行动？
- 如果你认为个人作风无可非难，组织无权干涉，但是已经被媒体曝光，该怎么办？
- 你的边界如何划定，这一边界在什么条件下会改变？

将这些潜在场景摆在桌面上提前讨论，能够节省大量的时间和心力。

回到食品安全危机的示例场景，还有一些需要识别的更简单的问题，主要包括：

- 如果发生食品安全危机，你什么时候会打电话给食品安全风险评估机构、检测公司或者咨询公司？你有经过审查并准备雇用的团队吗？谁负责拨打这个电话？
- 你是否要主动告知监管机构？在什么情况下你需要主动通知？告知给谁？谁来负责建立和维持这些关系？
- 法律或监管机构会要求你必须做什么？
- 每个部门在危机管理中的角色会是什么样子？其角色是否取决于被破坏的内容及其潜在影响？

对于以上问题，你要和危机管理团队的每个成员交谈，制订他们各自的危机管理行动计划，讨论并获得他们的反馈。在我的实践经历中，行动计划一旦定稿，我会与领导团队一起进行另一轮审查，直到获得批准。

3. 沟通策略

特定场景的危机沟通策略及其预先起草的稿件属于危机沟通手册中的内容。这通常和行动计划手册分开，属于危机沟通团队所有。实际场景中，行动计划手册的制订要参考每个场景的沟通策略。

危机管理团队的每个成员都可以访问行动计划手册。然而，只有危机沟通团队的成员才能访问危机沟通手册。因为他们负责起草和确定组织的危机沟通文件。

危机沟通手册的内容包括：

- 关键利益相关者名单以及哪些团队成员负责与他们沟通。
- 用决策树详细说明组织在危机沟通中可能和谁、主动或被动联系。
- 由利益相关者团体发起的各种危机沟通方式，比如投资人来电、消费者投诉等。

4. 联系信息

整理团队成员的联系信息，并请附上所有的相关信息，以便在危机中快速访问。其内容包括：

- 危机管理团队的所有成员及其候补成员。
- 在危机管理期间，你可能需要联系的第三方专家和主要供应商。

- 一级利益相关者的特定联络方式，特别是领导或高管。可能他们不习惯使用钉钉或者企业微信，他们只使用微信群等。
- 所有联系方式都要有。实践中，我们经常发现只有同事的微信，而不知道他的电话号码，紧急时如果微信没看到，直接打电话就会得到更快的响应。
- 需要有重要角色的紧急联络人。征得本人同意，将紧急联络人列入通讯录中，比如 CEO 的配偶。
- 如果公司已经把关键团队和利益相关者的信息录入数据库系统，提前打好标签和备注，以便筛选、过滤、访问和参考。可能的标签比如"食品安全咨询顾问""研究牛羊肉的兽药残余""家在北京""可以接受媒体专访作为信息源""合作费用"等。请务必在行动计划手册的这一部分中提供链接，使团队成员参考获取。
- 务必保留一份联系信息的纸质文件或者离线文档。

5. 资源库

尽最大努力寻找有用的信息和资源。这些资源包括：

- 重要数据、案例和内部工作台账列表。例如，在发生食品安全事件时，特定的品类和产品最常出现的问题是什么？数据指标是什么？上一次和最近 3 个月出现的问题是什么？如果数据被曝光，将对组织带来哪些危机？
- 时间表、流程图和其他视觉参考。比如，团队在危机中采取行动的时间轴。
- 具体的利益相关者概述。有没有你特别想提醒团队注意的？如果有，请在行动计划手册的这一部分中提供对他们的概述。
- 链接和参考资料。这可能包括指向外部网站的重要链接或团队成员可以参考的资源。

行动清单 20：创建沟通手册

危机综述

危机综述部分的目的是提供关于特定场景所需要的所有信息，以及组织沟通的策略。这个部分的篇幅不应该超过两页纸，最好是一页说完。

1. 定义适用情境

定义和描述在什么条件下，这个场景会变成一个公司级的危机。也就是说，这本危机沟通手册该如何使用。

2. 情境的类别

这个类别并不适用于所有的场景。

一般来说，即使是同样的一个网络危机或者食品安全事件，也会有几种不同的场景和类型。

最好在手册中提供一个真实的案例。

3. 目标和对象

清晰地确定组织的目标和对象。

4. 沟通策略

提供一目了然的列表，预先确定沟通策略。比如公司客户的会员数据遭遇黑客攻击而泄露，你需要告知你的会员：

- 发生了什么？如何发生的？你正在采取什么样的措施？
- 公司能够如何避免这些信息被盗用？
- 什么时候是积极的、主动的？什么时候是被动的、反应式的？
- 什么时候策略的方向会有调整？
- 首选的和次要的传播方式是什么？为什么？

形成危机沟通草案

形成危机沟通草案是手册的主干，如果你掌握几类不同的事件，就要在里面写清楚，确保它们有不同的沟通方向和节奏。

记住这是一个初步的传播方案，需要在过程中不断地优化和改变。有些内容可能仅仅是模板或者空白，如果有需要，你要在处理的过程中不断地把细节填充进去。

1. 第 1 次回应或者发布声明

反应速度是危机传播的根本。迅速做出第 1 次回应至关重要，第 1 次回应的要点是：

- 让利益相关者知道你已经觉察这个事件，你正在处理，他们能够得到后续关于事件的更新。
- 让你的组织成为一个可靠的信息源。这样，利益相关者才会愿意从你这里收集和确认信息，而不是去听信谣言。
- 不需要具备完整的信息，只要你对于利益相关者关心的核心问题没有明显的回避和闪躲。
- 说正确的信息，既不多说，也不少说，这是微妙的平衡。
- 描述你正在做的事情，给大家一些细节。不要说我们正在调查这个情况，而要说我们正在与技术专家和法律顾问一起寻找问题发生的根源。
- 表达足够的同理心、人性化和共情。
- 提供更新信息的链接入口。
- 提供相关的联系信息。

2. 不能做的事

- 言辞含混。这会导致不必要的批评和质疑。
- 在一个危机中,没有任何借口。
- 除非你有法律的原因,否则不要回避关键信息,即使你一无所知。如果你此刻不能够提供这些信息,让他们知道,让他们理解你的状况。并且向他们保证,在条件允许的情况下,你将会向他们提供答案。
- 说套话、官话、陈词滥调。

3. 官方声明

- 一旦有了足够的信息,你就可以发布一个完整的声明。你可能需要也可能不需要一个首次的回应,但是你一定需要一个官方的声明,伴随着更多的细节和更新。
- 把焦点放在利益相关者最关心的事项进展上。展示你的真诚,使你值得信任和支持,甚至获得原谅。
- 官方声明中的信息要有效地满足每一种利益相关者在之前辨识到的需求。
- 如果一个危机事件有 3 个子类型,那回应就要包含这 3 个类型所需的所有信息。
- 需要把核心的信息分解成不同的利益相关者关心的内容。如果有 3 个利益相关者需要沟通,你需要给出的是 3 个不同的利益相关者关注的信息点,以及一个分发邮件的草稿模板。你要把这些信息给到利益相关者相应的负责人。

- 如果危机持续时间比较长,应该设计一个结构化的时间线,把所有的子事件更新放进去。
- 承诺更新的频率是 12 小时一次,还是 24 小时一次。

4. 补充信息

如果你预测到利益相关者对某些信息感兴趣,你要提前准备好补充信息。补充信息可以是一个小的段落,也可以是核心的要点。

- 比如要专门补充给员工的要求。"为遵守公司的社交媒体策略,请不要发布、转贴,或在社交媒体上传播这个事件的相关信息。请不要擅自接受媒体的采访。公司已经有一个团队正在监测和回应社交媒体上的相关询问和互动。为了确保公司传播信息的一致性和准确性,如果你收到任何相关询问和反馈,请转达给公司危机沟通团队的×××,电话号码是×××,邮箱是×××。"
- 为某些特定的危机场景提供一些事实的清单。比如在食品安全事件中,为一些抽检的数据指标提供标签。
- 利益相关者期待问题的列表。

| 第11章 |

T：
实施危机演练与训战

认知清单 21：战备更新：让管理行为流动起来

危机战备持续更新的 7 个原因

1. 危机战备计划的时效有限

人事变动、业务重组和战略调整都会带来对危机战备计划的更新需求，2~3 年是计划的有效寿命。根据我的预测，80% 的公司没有预案，有预案的公司中，80% 的公司从未更新过一次。

2. 人员更替需要

一方面，CEO、CMO、品牌公关的副总裁、公关总监等职位需要更换。另一方面，继任者需要额外的帮助才能够快速上手。这就是我建议每年进行一次模拟演练的重要原因，这样的演练还有助于巩固原有团队的技能。

3. 对团队危机管理胜任力的持续督促和评估

保持战备状态是巨大的挑战，因为从来没有人对管理团队预防、监测、决策和危机管理的能力进行评估。

很多公关总监的危机管理胜任力只是在招聘时被当作一个能力模块进行评估。它只在整体模块中占 10%～20%，最多不超过 30% 的比例。在招聘时，最多被问及，如果发生 ×× 类的危机，你会如何处理？或者介绍下过去处理的危机案例。入职后，绝大多数公关总监可能都没有处理过一起热搜级的事件。

对于副总裁或 CMO 来说，招聘时的危机管理胜任力可能只占能力模块的 2%～5%。入职后，只要不发生危机，他们都可以平安地度过职业生涯。

作为创始人，其所经历的创业波折数不胜数，但危机处理未必是生死攸关的类型。很多企业都是在规模渐增、团队渐大和业务暴涨后，才逐渐出现危机。因此，危机管理胜任力对于创始人来说，是需要重新学习的管理能力。

所以，没有人知道，附着在公关总监和副总裁这两个关键角色上的危机战备能力，是否足够胜任？在危机到来时，组织是否能应对自如？

4. 持续引起 CEO 的重视

一项管理行为要能够"流动"起来。如果在一年之内没有任何行为规划，CEO 和其他高管就会遗忘甚至忽视危机管理。

如果管理者不参与或者不买账，当危机发生时，管理者和他所信任的人就会寻找其他的途径解决。这无益于建立恰当的管理行动和决策机制,还会导致预案在最应该被使用的时候却被丢在了一边。

5. 逐渐摒弃单一新闻发言人思维

如果你的新闻发言人临时抱恙怎么办?如果你的发言人对引发危机的问题一无所知怎么办?如果你的发言人被起诉或者被监禁了呢?最好能有一个首席的发言人,同时也应该有辅助的发言人。

品质管理、供应链、人力资源等方面的专家可以作为辅助的发言人出现,他们的专业背景会让表达更为清晰明白,也更容易得到公众信任。

6. 对团队心态的持续磨炼

管理者通常会认为危机战备是麻烦事。管理者级别越高,越有可能出现这种心态。我早年也有这种心态,我会认为依靠自己内在的技能、知识和能力,就可以在危机来临时渡过难关,成功地生存下来。

在经历过一次次惨败的毒打后,我才逐渐认识到:号称不需要战备状态、不需要训练、不需要危机管理计划,是危机管理领导和团队傲慢与自大的表现。团队的训练和战备状态是保持紧张感和不懈怠的好办法。

7. 用制度化的强制约束去定期检查预案、计划的有效性

虽然危机的情境容易识别具备破坏组织业务的风险,但要对尚未发生的事情投入资源去准备和预防,本身就是一种挑战。

如果只是口头上说说,不是流程化的制度约束,那势必会流于空谈,大多数的未经测试的计划最终都会失败。

危机战备更新的 7 个要点

- 每年进行一次危机战备的更新。
- 分享对行业危机管理经验案例的研究，每季度一次，可以邀请外部顾问。
- 制作危机响应中正确方式和错误方式的对比视频，作为内部培训的学习材料，纳入危机管理知识库。持续进行。
- 分享行业中其他组织面临的危机处理案例，进行案例研究。把它转换成本组织在面对类似困难时应如何应对的案例研究。持续进行。
- 持续扫描组织可能面临的风险，以持续性地减少威胁。持续进行。
- 内容模板库的准备和更新，每年更新一次。依据以上的更新频率，持续进行。
- 危机应对的网络应变能力评估，每年评估一次。依据以上的内容，持续进行。

行动清单 21：训战：养兵千日，用兵千日

年度更新，每年持续进行准备和培训

- 评估复盘和学习组织正在进行中的危机，通过危机汲取经验教训。
- 危机战备状态或者危机预案计划的修订。
- 开发全新的情境应对方案。例如，离职员工的信息泄露；AI 技术导致的内容隐私与侵权；经济下行期的裁员增加等情境。

- 规划额外的危机演练。例如刚刚遭受过一场危机，在处理后发现组织对这类危机的应变能力不够、储备方案不完善时，需要对整个团队进行一次危机演练。
- 更新在不同的情境下发布给媒体的内容工具包。

分享危机管理的经验

- 通过简短的案例研究分享经验。
- 介绍组织刚刚遭遇的问题和威胁。
- 介绍组织刚刚处理过的危机。
- 介绍组织遭遇的一个全新类型的危机。
- 定期将这部分的经验案例发给核心管理人员和危机管理团队成员。

系列指引视频

- 开发系列的应对指引视频，并以此作为内部员工考核的工具。视频中包含正确的做法和错误的做法，并且强调如何正确地处理问题。
- 视频观看结束，添加互动性和考核性的练习。
- 邀请外部顾问或同行，根据相应的情境举办研讨会。

之前在西贝，我的团队就制作了一系列应对危机的视频，并将其作为内部员工培训、晋升考核的必备项目。应对危机的视频分为初、中、高三个级别，初级视频内容针对普通员工，高级视频内容针对总监和省区负责人以上的管理人员，中级视频内容涵盖其他人员。

应对危机的视频共拍了 20 集，每集为 5~8 分钟，内容全部来自本行业和企业高发的危机情境。

规划额外的练习

- 选取有关企业的敏感新闻，比如竞争对手或同行的类似危机案例，将其转化为教学工具。
- 最好的学习就是对同行相应案例的学习，即使无法到组织的内部去了解深度的决策和处理过程，也可以将此类事件模拟在本企业中。思考如果在本企业发生此类事件，我们应该怎么办。
- 识别对组织有用的各类危机视频、新闻剪辑，从该危机中找出我们学习的要点和经验教训。比如，办公场所发生火灾怎么办？
- 将这类额外的练习材料发给相应的目标受众。比如，涉及员工引发的危机就发给人力资源团队。

定期报告组织风险的监测情况

预测未来可能发生的风险和危机，尽早提醒管理层注意潜在的威胁，主要涉及 4 个阶段。

- 监测和评估潜在风险的曝光。
- 预测这些潜在风险的影响程度。
- 定期发布对风险进行评估的报告。
- 与高层管理者举行季度风险评估会议。如有必要，可改为月度。

监测、预测和报告今天的风险，目的是降低明天的战略性风险。因为风险监测是关于昨天的，站在今天预测明天才是核心。这部分的内容有一页纸就够了，并且只限于发给高层管理者。

官网和社交媒体的准备评估

为什么在这个时代还需要企业官方网站？因为官方需要有一个对事件进行全景式描述的话语空间。在这个空间里，你可以选择自己的叙事方式，而不被其他人左右。

在企业官方网站上，你可以管理媒体的报道，几乎所有的记者在报道时都会查阅官网和社交媒体。因此，我们需要预先把消息发布到官网上去。

这样可以减少对媒体问询的回应，减少资源浪费和错误的发生。拥有一个及时公布的信息站点，并且提供准确和及时的信息，可以大大降低与媒体有关的电话压力。

准备全天候的企业官方网站，为记者提供在任何时候（不管他们的截稿时间是什么时候）都可以访问的信息。在今天，提供全天候的准确信息越来越重要，尤其是在危机应对时。举例来说，在涉及多名人员伤亡的事件中，及时公布获救人员的数量，以及公布获救人员的名单都是至关重要的。

行动清单 22：会议室演练：让高管成为领导者和英雄

5 个步骤

会议室危机演练通常被当作危机应对规划的起点，并作为全面危机模拟演习的前奏，主要包括 5 个步骤：

- 确定当下组织特别艰难的情境。这可能是公司刚刚处理完的一场危机，或者是业务发展当中潜在的巨大风险和威胁。一家即将 IPO 的公司如何面对财经媒体？财经媒体对商业模式和盈利模式的质疑就是这家公司的一个重要情境。

- 确定在解决方案中将会涉及的所有公司成员。
- 安排一个主持人，制作一个讨论大纲，按照所有可能发生的事件的顺序，对问题展开讨论。
- 确认事件的发展可能性，让主要参与者由此来做决定。
- 按照事先确定的模板和分析模型，让每一个建议在实际发生的情况下，变成一个有可执行性细节的操作方案。

3 个要点

1. 创建有效情境

- 创造一个每个人都能从中学习的情境，目标是能够积极主动地落实，并且预先授权尽可能多的应对措施。
- 判断事件发生的可能时间顺序。
- 分析可能出现的所有假设情况。
- 讨论处理危机的所有可能办法。
- 根据这些选项提出建议和方案。
- 预测意想不到的后果。
- 确定关键的联系人和所需要的资源。

2. 改变组织成员对训战的旧有思维

- 重新思考为什么训练、战备以及演习是重要的，可以重塑你对危机战备的想法。

- 所有的模拟演习都是确认参与者的准备状态。所有的演习都应该提前计划和宣布，使参与者有足够的时间来研究、判断已有的材料和活动。
- 不管谁参加演习都应该有相应的安排，因为只有整个团队准备好了，在危机来临时才能协调配合。
- 危机演练不是一个充满负面批评和问责的练习，那样只会导致防御和反击，而不能解决问题。
- 通常来说，如果演练的目的是找出错误，高管就不喜欢参与。对于高管来讲，演练的过程不能让他们显得无能和愚蠢。演练的目的是帮助高管尽可能多地了解他们将要决策的事情，使演习在他们的领导下成为一次成功的学习活动。
- 可以事先附上一个关键行动项目的列表，比如需要改进、重新替换以提高危机战备状态的内容。把资料提前分发给所有参会人，让大家在开会前就能够知道将要讨论哪些议题，以减少防御心理。
- 在危机演练开始前，宣布演练的目标是让整个危机事件在未来的处理中更加顺畅，而不是要问责某一个人。

3. 让参与者做好准备的 6 个过程

训练战备会消耗大量的时间和资源，参与者需要做好准备，以下的 6 个过程将确保得到一个成功的结果。

（1）为所有的参与者提供危机应对计划的最新版本，供大家查阅和事先学习。

（2）从群体参与开始。与所有的参与者讨论现有的危机应对计划存在什么问题，需要做哪些调整，参与者可以就近期公司中发现的一些迹象和事件的处理发表意见，这些意见未必直接与危机预备计划有关，但是会变成危机改进中的重要输入条件。

（3）介绍组织成员在之前一段时间的危机处理中，遇到的具体的经验教训，就此说明组织成员已经从中学到了什么，并且做了哪些相应的调整。

（4）对危机应对计划中执行卓越的部分进行鼓励和赞赏。这部分往往是被忽略的。危机管理团队要学会夸夸自己，赞赏各个相关方，比如感谢信息技术团队帮我们快速部署了危机沟通系统和内容管理系统。

（5）寻找最关键的改进项目，这通常包括：

- 计划中所涉及的关键人。
- 对内和对外沟通的效率和效果。
- 哪些重要的决策需要得到预先的授权？
- 潜在的风险可能带来的最大成本和伤害是什么？
- 组织层面可预见的问题。比如，组织的傲慢自大，低估了风险；由于行动迟缓、资源不匹配出现的问题。
- 推动决策的制定机制。
- 高层管理者的参与、授权或者提供资源的程度。

（6）保持建设性的、积极的和理性的参与原则。

记住，在这个过程中，放大或不恰当地评价过往危机的负面因素，都会使改进的过程变得尴尬，让高层管理人员不愿意再次参与。

要帮助高管成为英雄和领导者，他们才会再次参与。让管理者看起来像傻瓜，他们会讨厌你的想法，远离你。更危险的情况是当危机真正发生的时候，他们有可能不会打电话给你，而是根据自己头脑中想出来的解决方案去进行，不管代价有多大，也不管损失有多大。

◎ 反思与行动

1. 如果高管不愿意参加演习，你会采取什么样的方法和步骤确保他们愿意参与，并且在规划过程的所有阶段提供有价值的投入？
2. 会议室危机演练的优势是什么？为什么在启动全面的危机模拟演练之前要进行一次会议室演练？
3. 网络在危机沟通中的价值是什么？如何向CEO解释建立一个网站页面的价值？
4. 绝大多数的危机战备计划中最大的弱点是什么？如何解决？

03
PART 3
第三部分

危机修复

| 第12章 |

修复声誉和重建信任：
3R·Recover© 3 步骤指引

第三部分介绍危机修复，笔者将其分为 3 个步骤：变革、重建和复盘，用英文单词 3R·Recover© 表示：对应本书的第 13～15 章。

- 变革（Revolution）：推动业绩反弹和组织反脆弱性变革。
- 重建（Rebuilding）：重建信任，修复声誉。
- 复盘（Review）：组织危机学习。

1. 推动业绩反弹和组织反脆弱性变革

本步骤为第 13 章，包含行动清单 23～26。

在危机发生后，组织必须迅速行动以恢复业务，并积极采取措施来消除潜在的负面影响。在第 13 章中，我们将深入挖掘恢复经营的关键行动清单，探讨如何通过温和和激进的策略来推动业绩反弹，并优化组织结构以消除可能存在的结构性缺陷。此外，我们还将详细研究在灾难之后如何调整反馈系统，以确保组织能够在不同的环境中保持稳健。

2. 重建信任，修复声誉

本步骤为第 14 章，包含行动清单 27～32，认知清单 22。

重建信任和修复声誉是危机处理过程中至关重要的一部分。第 14 章将重点介绍如何通过 STRONG 模型来实现这一目标。这一模型包括重讲新故事、避免危机死灰复燃、校正在线声誉、弥补认知鸿沟与价值观损失、重振群体精神和团队士气以及释放善意、减少敌意等关键步骤。通过依照这些行动清单行动，组织可以有效地重建信任和修复声誉。

3. 组织危机学习

本步骤为第 15 章，包含行动清单 33，认知清单 23。

第 15 章将探讨组织危机学习的重要性，并介绍 OKR 模型。我将会介绍我亲身经历的案例。我们将了解组织如何通过 OKR 模型实现危机学习，以及如何借鉴阿吉里斯的双环学习模型和彼得·圣吉的学习型组织概念。

综上所述，第三部分的内容将为读者提供一系列有针对性的步骤和指引，帮助组织有效地修复声誉、重建信任，并实现持续的成功和发展。

| 第13章 |

R1：
推动业绩反弹和组织反脆弱性变革

行动清单 23：恢复经营

　　危机一旦消退，组织和领导者就要把精力投入到恢复经营上来。这包括人员、系统、空间等确保业务正常开展的所有要素，它们都需要恢复到危机前的状态。本书第 6 章提到，在危机的响应行动中，组织要一手抓危机处理，一手抓关注保持核心业务的连续性和稳定性，两者的重要程度相当。

　　从组织整体的角度看，在危机消退后，恢复业务和运营所需的精力大大增加。从危机管理的角度看，任务依旧艰巨。

　　考虑战略、品牌、业务的连续性，不要把危机消退后的恢复当作一个单独、全新的业务，而要将其视为业务连续性链条上的一环，使其不会变成一种额外的成本投入。

恢复经营的连续性，指的是将一个组织的经营管理活动恢复到危机发生前的状态。

在第 6 章我们提到过，在危机响应阶段，首席运营官就在带领经营连续性小组和经营恢复小组开展工作。第 13 章的恢复阶段，则是将重心转移到经营恢复上来。

危机消退后的组织，严重的千疮百孔，轻微的局部瘫痪。尽快恢复经营的连续性，是危机过后每个组织的当务之急。

影响危机后经营恢复的 7 个要素

经营恢复的速度取决于以下 7 个要素。

1. 经营损失的严重程度

经营损失越严重，恢复越慢。

2. 核心业务中断的程度

核心业务中断的时间越长，终端的后果越严重，恢复越慢。有些行业的业务一旦中断，客户可能会永久流失到竞争对手那里。要想挽回流失的客户，对企业来说是极大的挑战。

3. 消费者和公众的期待程度

这更多体现在关系国计民生的行业，比如市政、交通运输、水电、日常消费品等行业。与之相对的，耐用品和奢侈品就没有那么受到公众的关注和期待。

4. 组织可调用投入资源（人、财、物）的充足程度

人员越充足、财力越充沛、物资供应越充分，恢复越快。然而，这又是恢复的悖论。一般说来，遭遇危机后的企业，估值和形象都有所折损，融资能力和履约能力也备受质疑。如果

企业自有资金不足,势必会遭遇各方面的挑战。

5. 团队人员的身心焕新程度

危机管理是一个令人身心俱疲的团队管理行为。应对危机时,团队上上下下的成员都在高压下工作,连轴运转是常态。高度不确定性和情绪紧张会导致团队人员身心俱疲。因此,在经营恢复阶段,团队人员需要梯次安排休养,调整好身心状态,焕然一新地投入恢复工作。

6. 组织中重要利益相关者的支持程度

供应商、经销商、分销商以及公司上下游的合作伙伴的支持程度越高,恢复越快。在不少危机事件中,都能看到合作伙伴与涉事企业共进退,采取主动延长原料回款期、维持原有供应价格不变或主动下降、减少分成比例等方式支持企业快速恢复。

7. 行业性危机和社会整体性危机的消散程度

行业性危机和社会整体性危机取决于具有决定性的环境危机,这些环境危机不消退,企业的恢复速度也堪忧。

制订经营恢复行动计划

上文提到影响危机后经营恢复的7个要素,每一个都需要大小不等的投入和工作。这需要在危机恢复经营专项会议上予以充分讨论,并制订经营恢复行动计划。该会议由本书第6章提到的经营恢复小组主持召开。

危机恢复经营专项会议的核心议程如下:

- 各业务单元或部门报告受危机影响的损害程度。
- 列出恢复计划、需求和资源清单。

- 群体讨论优先级排序。
- 推动共识,形成行动清单(见表 13-1)。
- 内部传播恢复行动的会议和行动清单。
- 追踪行动并循环跟进。

表 13-1 业务恢复行动清单

优先排序	行动	负责人	资源需求
1	专项融资	CFO	CEO 和 CMT 参与;危机管理报告;业务合同和工厂排产情况;厂区复产报告
2			
3			

在制定行动清单时,应遵循以下原则:

- 优先满足核心业务的核心需求。
- 优先考虑重要利益相关者(比如客户和供应商)的需求。
- 将恢复中的业务单元和部门视为内部客户,直到恢复期结束。
- 关注恢复行动中的员工身心状态。
- 确保高层增进共识和加大投入。

这是从组织的整体角度来看,很多方面都需要危机管理团队的参与和支持。

我的一个客户在一次工厂火灾之后,恢复工作的第一件事是与 CEO、CFO、公关总监、工厂总经理一起前往当地某商业银行,说明火灾对组织的影响和损害,告知银行其所采取的措施和初步收效,同时提供充足的订单合同和供应商支持的签名文件,向银行争取一笔恢复生产的专项资金。

行动清单 24：推动业绩反弹：温和激进策略

绝大多数危机过后，企业都会遭遇客户流失和业绩下滑。在保守情况下，业绩下滑 10%～30%；在极端情况下，业绩下滑 50%～80%；最极端的情况是企业破产。

如果仅维持原有水平的经营恢复计划，企业有可能会进入慢性自杀模式。应对危机消耗了大量的组织资源，如果仅恢复到危机之前的业绩水平，就永远无法覆盖危机成本。

如图 13-1 所示，横坐标是时间，纵坐标是恢复业务投入的资源。危机消耗的组织资源和对业务造成的影响是区域 A，如果在危机后，只是维持原有的资源投入水平，资源的效能产出会缓缓地下滑，形成区域 B。如果不加以干预，区域 B 的增长无法覆盖区域 A 带来的亏空，业绩会降至盈亏平衡点以下，到达区域 C。很多遭受严重危机的公司都在漫长的恢复期后，迎来公司破产。

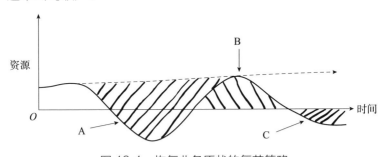

图 13-1　恢复业务原状的复苏策略

如果公司采取温和激进的业务反弹策略（见图 13-2），在资源上加大投入，形成超越原有业绩水平的区域 B，剔除业绩波动不可避免下探的区域 C，足以覆盖区域 A 的亏空，才能回到原有的发展水平上。

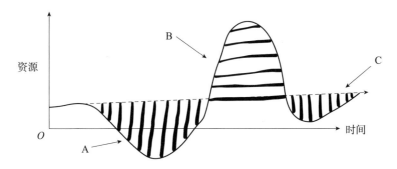

图 13-2　温和激进的业务反弹策略

反弹策略的着眼点有 3 个：

- 保持市场份额，减少客户流失。
- 恢复组织的良好形象。
- 应用危机中的经验和机会，推动组织变革。

以下的行动清单，将针对后两个策略展开论述。

行动清单 25：优化组织：出清结构性缺陷

丘吉尔曾说："永远不要浪费一场好危机"（Never waste a good crisis.）每一个危机都是一次压力测试，都隐藏着机会。

危机是一场大考，也是脱颖而出的机会，真正有智慧的人或企业绝不会放过任何一次在大考中脱颖而出的机会。危机破坏了系统的平衡，在失序和混乱中，原有的结构性缺陷会暴露出来，优化治理结构恰逢其时。优化举措包括但不限于：

- 裁掉不称职的高管或员工。
- 撤销无法产出价值的业务和部门。
- 撤换在危机响应和应对中胜任力不足的人员。

- 调整董事会团队。
- 重申企业愿景、使命、价值观。

案例13-1　Open AI CEO被罢免危机（2023年11月）

2023年11月17日，美国公司Open AI董事会发布紧急声明，免除萨姆·奥尔特曼的CEO和董事会职务。

11月21日，Open AI宣布，创始人萨姆·奥尔特曼将重回公司，继续担任CEO一职，并由谷歌地图联合创始人及Facebook CTO布莱特·泰勒、美国前财政部长拉里·萨默斯，以及Quora联合创始人兼CEO亚当·丹吉洛组成新的董事会，其中布莱特·泰勒将担任董事会主席，亚当·丹吉洛则是仅存的前董事会成员。

资料来源：澎湃新闻. 大结局！Open AI宣布奥尔特曼复职CEO[EB/OL]. [2024-02-08].

案例13-2　瑞幸咖啡调整董事会成员（2020年5月）

2020年4月2日，瑞幸咖啡宣布公司COO及其下属虚增收入22亿元，随后中美两地律师宣布发起集体诉讼。这场财务造假危机导致4月6日停牌时，瑞幸股价跌幅超过80%，报4.39美元/股，市值只剩11亿美元。

5月12日，瑞幸咖啡宣布调整董事会和高级管理层，CEO和COO被暂停职务，另外瑞幸咖啡董事长、高级副总裁郭瑾一为代理CEO。公司已经停止了6名其他参与造假或对伪造交易知情的员工的职务。

以上两个案例，都是在危机结束后，企业改组董事会，撤换相应高管团队成员。高管变动不仅是一家公司向外界传递"我们正在改变"的复苏信息，也是与公众重建信任的开始。

行动清单 26：调整运营：如何调整反馈系统

1974年12月1日上午，美国环球航空514航班从俄亥俄州哥伦布市起飞，载有92名乘客飞往华盛顿国家机场，航程为1小时。

起飞后几分钟，空中交通管制员告诉机组人员，由于风太大，飞机无法在国家机场降落。于是，布洛克机长决定将飞机转向国家机场以西30英里的杜勒斯机场。15分钟后，飞机仍在杜勒斯机场西北约50英里处时，空中交通管制员批准机组人员使用仪表着陆系统飞往12号跑道。尽管机组人员对高度有质疑，但他们依然按照空中交通管制员的指令降落。几秒钟后，飞机撞上了天气山的花岗岩斜坡，无人生还。

从侧面看，飞机的最后飞行路径如图13-3所示。

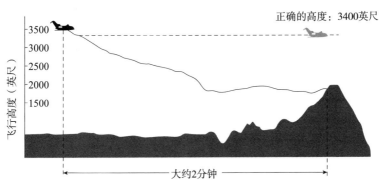

图 13-3　飞机的最后飞行路径

514航班坠毁后，美国联邦航空管理局做了两项改变。第一项改变，修改了仪表着陆系统的进场侧视图，具体变化如图13-4所示。

修改后的飞行路线图没有指示机组人员应在距离机场6英里处下降至1800英尺，而是规定飞机应在4000英尺高度飞行，直到距离机场 17.9 英里处，以避开距离机场 25 英里、高度为 1764 英尺的那座山。

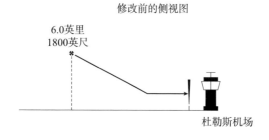

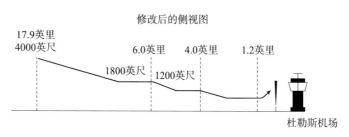

图 13-4　仪表着陆系统的进场侧视图

第二项改变，是在事故发生 6 个月后，美国航空安全报告系统（ASRS）诞生。

该系统每月从飞行员、军事操作员、空中交通管制员、机械师和任何其他参与航空业的人那里收集数千份报告。这些报告被存储在任何人都可以访问的数据库中。提交 ASRS 报告是飞行员的骄傲，因为他们知道这些报告会使航空旅行更安全。

而这个系统的加速推出，是因为有人曾经发现了类似的问题。

在 514 航班坠毁的前两个月，美国联合航空公司（简称美联航）收到了一份来自刚刚惊险降落在杜勒斯机场的机组人员的报告。根据报告内容，美联航向所有飞行员发送了一份通知：

> 由于广泛使用雷达和空中交通管制员的引导，导致机组人员产生误解。最近的事件促使我们发出提醒：在降落之前，机组人员必须了解进场板上的所有高度信息。

但是，作为美联航的内部文件，该通知没有发送给美国联邦航空管理局或任何其他航空公司。㊀

美国航空业的调整运营揭示了我们不能寄希望于简单思考就试图发现所有问题。在崩溃之前，复杂系统会发出警告信号，揭示这些相互作用，但身处其中的人往往难以发现问题之间的彼此关联和影响。

这个案例也启发我们，关于危机复盘的重要性：

- 所有的危机在结束后都需要复盘，以避免系统性危机的再度爆发。
- 复盘经验要公告给所有的相关人员，更要转化成组织改进和优化的行动和标准。
- 报告错误不应该受到批评，而应该得到表扬和嘉许，否则组织就会失去持续改善的良机。

危机过后，99% 的公司都会长舒一口气，转身去忙其他的事。只有 1% 的公司愿意坐下来分析总结，梳理在这次危机中的教训，并且把它内化成组织的流程规范，促成行为改变。

其实，危机后的学习比平时的学习有着更强的推动力。团队成员刚刚经历过创痛，付出了惨烈的代价，伤疤犹在，这时学习的动机和改变的意愿会异常强烈。

㊀ 克利尔菲尔德，蒂尔克斯. 崩溃：关于即将来临的失控时代的生存法则 [M]. 李永学，译. 成都：四川人民出版社，2019.

我相信，会有越来越多的组织逐渐接受危机是一种常态，而不是意外，意识到从过去的错误中学习的重要性。危机管理的重点也会从危机事件的处理和解决，逐渐延伸到危机之后的经验学习与反脆弱变革。

| 第14章 |

R2：
重建信任、修复声誉：STRONG 模型

认知清单 22：声誉修复：STRONG 模型

不同于第 13 章实体业务有形的修复，信任和声誉是无形的，修复起来尤其艰难。

制订有效的声誉修复计划，需要面对的核心问题和原则具体如下：

- 修复组织被危机破坏的形象，比较艰难。
- 做好 3 个月到 3 年的心理准备，重新获得信任需要时间。
- 重新获得利益相关者的信任，以免他们转身离开。
- 组织内部信任可能受到严重打击，导致士气低落，需要

振作精神。
- 行动必须反映组织的真实态度和意图，谄媚和投机取巧都会被看穿。
- 用行动和真实的改变去重建关系，而不是依赖宣传和"公关"。
- 不要试图用企业社会责任和慈善捐赠来"漂白"危机、回购声誉，那既是脱离品牌主线叙事的投机行为，也未必奏效，还会招致公众的警惕甚至差评。
- 修复沟通，不要"另起炉灶"，这会增加额外成本，纳入品牌战略的支线叙事即可。
- 纠正危机造成的所有伤害和影响，不管是有形的还是无形的。
- 谨慎决定公司的言行，不要让危机"返场"，往事不要再提。
- 既要采取行动，也要展示和呈现。
- 修复品牌承诺，在此之前，所有沟通都无法奏效。比如，声称是高质量的产品，却出现召回危机；声称符合安全标准，却导致人员伤亡；声称管理人性化，却出现员工过劳猝死。
- 声誉在于交付，而不只是承诺，行动的价值大于表达。
- 直接向公众展示（表演或直播）公司正在做些什么，让公众认识到组织的努力。
- 沟通主体可以是 CEO 和高管，也可以是普通员工。前者宣布组织的修复计划，后者展现具体的工作场景和细节。如果组织忘记了后者，在特定的社会环境中，前者往往被视为大众的对立面，言行稍有不慎，就会招致公众的言论抨击。

- 让危机中的敌意消失，让善意和谐的互动成为主要基调。

根据以上核心问题和原则，我提炼出信任和声誉修复的STRONG模型，以此来介绍如何重建信任与声誉：

- Story：重讲新故事。
- Trigger：避免危机死灰复燃。
- Rectify：校正在线声誉。
- Offset：弥补认知鸿沟与价值观损失。
- Nerve：重振群体精神和团队士气。
- Goodwill：释放善意、减少敌意。

行动清单 27：Story：重讲新故事

重讲新故事："故事其实是这样的……"

要强调的是，脱离品牌战略叙事的危机，一概不予理睬和行动。

一般来说，人们只记得热搜事件和峰值体验。要让峰值完全消失不太可能，但是我们可以堆积次级故事和三级故事，增益正向记忆，即重塑危机历史和品牌声誉。

前文提到过品牌叙事、媒体叙事、舆论叙事和官方叙事。在危机开始时就要设定叙事线，确定危机的议程结构。在一般危机中，另外三条叙事线⊖是主流，品牌方都很难左右。危机消退后，要在处理结果和公众叙事中重建危机后的品牌叙事。

最理想的方式是，危机后的品牌叙事与原有的品牌叙事保持一致。危机修复不是一个增加成本的额外项目，而是与现有

⊖ 指的是上面提到的媒体叙事、舆论叙事和官方叙事。

业务发展、运营和品牌无缝连接的投资。看看品牌的传播规划，找到契合点，搭载进去。

另一种方式是，修复原来属于品牌传播的副线项目，直接将其升级为主线项目。

2023年9月，某彩妆品牌因为带货主播的言论及其后续行动，上了热搜。关键叙事议题集中于：产品卖得比国际大品牌还要贵、该企业是不是日资企业。

在随后的危机修复中，该品牌继续延续丰富东方美妆研发体系的品牌内涵，并积极回应怀疑其为日资企业的叙事谣言。2023年9月，该品牌入驻日本东京新宿伊势丹，开到了国际知名品牌香奈儿的对面，继续强化高端品牌的势能定位。这就是危机修复与品牌传播的融合。

还原真相全貌、合理避责："原来他们也尽力了""都不容易"

事实和真相需要不断地说、反复地说，因为组织在危机中没有说话的空间。

在危机中，组织疲于奔命，公众、受害者和利益相关者情绪激烈，组织对事实全貌的描述难以获得公众的理性认知和感性接纳。

在危机消散时，各方安顿抚慰，组织可以实事求是、从容地描述危机发生的全部细节和响应过程；可以坦承组织的反应迟缓和判断失误，从而导致危机的损害没有及时停止；同时也可以客观描述组织秉持价值观做出的积极努力，没有"甩锅"，也没有推脱责任。

承担自己应该承担的责任，也坦承自己本不该承担的责任。这有机会让一部分公众反向"共情"组织："原来他们也尽力了""这种事哪家企业碰上，都不容易"。

在操作上需要注意：

- 难处是客观真实并且容易理解的，否则会陷入狡辩的困境。比如濒临破产的企业家说资金确实困难，却被人揭破早已把资金转移到海外或成立子女信托基金。
- 展现努力的行动，取决于前文危机沟通中提到的直播级的信息发布和信息透明度。如果之前的所有行动都秘而不宣，此刻又解释我们做了A、B、C，则难以使人信服。
- 不要出现"其实我们也挺难的"这类主观"推脱责任"的表达，只需要客观呈现，让公众自己得出"原来他们也挺难的"的结论。

行动清单28：Trigger：避免危机死灰复燃

危机的复燃点指的是能够再次将危机带回公众视野下的某些诱因。[1]

某个行业性事件，比如其他品牌的危机事件引发公众联想起本品牌曾经的危机；某个媒体记者持续不断地追踪质疑，爆出了新的故事和发现，也包括品牌在危机后有运营不善的举措，重新激怒某些利益相关者。

视危机的类型和影响不同，复燃点管理可能是一个长期持续的过程。过往的危机会被一次次翻出来讲述，企业不要火上浇油、煽风点火，需要慎重行事。

品牌需要梳理清单来记录所有潜在的"复燃点"，提前筹划、冻结或缓和"复燃点"爆发造成的影响。以下是简要清单：

---

[1] 科尔曼. 危机沟通：危机下的管理、应对与复原力构建 [M]. 邓竹菁，戴治国，译. 北京：中国科学技术出版社，2021.

- 特殊日期。例如国庆节、建军节等。
- 关键时间点。例如危机发生后的一周、一个月、半年和一年。
- 受害者的心理周期。例如受害者去世或者伤残后一个月、三个月、一年。
- 企业接受政府监管部门调查后的报告发布日。例如，市场监管部门对企业的具体处罚公告出台日。
- 企业再次爆发其他类型危机。在产品质量危机之后，又出现大量裁员的信息，这会引发媒体对过往危机的再次讨论。
- 行业性危机的再度发生。例如某新能源汽车的自动驾驶事故，会重新引发对过往类似事故的关注。
- 危机的短时热度降低后，媒体追踪深度报道的发布会再次激发讨论。
- 在危机涉及议题或类型上，企业发布新进展和举措时。例如爆发人力资源团队违法裁员危机后，企业发布人员招聘信息。
- 企业新产品发布、新的战略调整公布或新的重大传播活动也会引发对最近一次危机情况的回忆。

根据以上的清单列表，品牌公关团队可以制作一张危机复燃点清单，将其嵌入品牌沟通和组织传播的注意事项中，并标注提醒。在不同的沟通情境中，参考清单予以决策。

行动清单 29：Rectify ：校正在线声誉

在危机的响应阶段，种种原因使得一些工作来不及或者没有精力、没有契机做，导致在线声誉存在各种瑕疵痕迹，需要校正。否则，这些数字地雷会在未来一次又一次被引爆。

今天的声誉损失是因为昨天的危机，但是明天的声誉表现，取决于今天的声誉记忆。时过境迁，每当人们想了解品牌的过往，就会回溯此次危机事件的线上记录。如果媒体记者写报道，就会上网检索品牌的背景信息。

我一直主张，最好将社交网络作为对品牌声誉的长期投资，而不是作为短期营销、促销或危机响应的渠道。

修复在线声誉的 8 个原则 ⊖

1. 明确目标

在数字声誉修复开始前，先明确目标：

- 是删除在线所有负面信息，还是可以容忍言之有物的确凿批评存在？
- 是要在三天之内完成，还是可以有三个月甚至半年的时间？
- 是以删除负面信息为目的，还是要维持与利益相关者的长期关系？
- 是放弃搜索引擎、专攻社交媒体，还是 360 度无死角全面修复？
- 是否要对负面信息分类、分级，区别对待？比如关于危机的三级关键词分别是哪些？
- 关键词的选取范围是什么？

⊖ 本小节内容参考：POWNALL C. Managing online reputation: how to protect your company on social media[M]. New York: Palgrave Macmillan, 2015: 203-204.

2. 全面思考

一场危机涉及的范围会比较广。一次公司有害物质泄露的危机，会涉及环境污染，还会涉及当地社区、水土保护、市政用水、工厂关闭带来的员工失业或者经营困难等。

所以，不要只考虑与危机直接相关的信息，还要考虑受到广泛影响、间接相关的那些信息。

3. 视觉化思考

在搜索引擎和社交平台中，短视频、图片等视觉内容比文本更快地吸引公众的眼球。要注意，把负面的视频或图片替换为你的品牌故事视频。

4. 聚焦高权威度和影响力的渠道

关于危机的报道和评价，往往来自主流媒体和有影响力的博主。要着力与他们建立有价值的长期连接，以改善他们对你的看法和描述。

5. 做好内容生产规划，广泛分发

确保企业的自媒体基础设施建设铺设完成，结合内容传播策略，拣选"合适的"平台广泛分发。不断更新带有话题标签的相关消息和内容，这会逐渐在搜索过程中上移到结果页的前端。

拥有更多在线访问的节点和内容，更有机会提高你的在线声誉。它们停留的时间越长，就越有可能吸引受众。

在线话语权取决于搜索引擎和社交媒体的算法，它们能够更轻松地找到你的信息，这意味着你将获得更大的在线话语权。而话语权的建立，取决于不断地输出内容去喂食算法机器。

6. 优先发布复苏信息，而不是危机澄清信息

危机爆发时，搜索量未必会马上剧增，这发生在人们寻找其背景和意义时。虽然权威媒体对你的危机报道会立即出现在搜索排名中，但公司网站和其他在线渠道的新增内容，可能需要几天或几周的时间才能显示。

所以在危机响应期，不要试图去做在线声誉维护，而应该专注于发布你的复苏信息，让人们发现危机后你正在恢复，你的业务也运行如常。

7. 接纳无法被"管理"的部分

可能有些事情是组织永远不想让别人看到的。但是，这就是发生了。组织对这些事件应对不当的言行是确凿无疑的。所以，对组织提出"管理"在线声誉的要求，被组织拒绝也不奇怪，我们能做的就是接纳。

8. 放眼长远

现实世界中受损的声誉无法在一天之内恢复，在线声誉也无法在一夜之间重建。优化社交媒体和搜索引擎的内容是缓慢而费力的，并且它们还会定期更新算法逻辑。每修改一次，你可能会发现或多或少都要从头开始，请你保持耐心。

如何纠正 3 种错误表达

在危机响应阶段，最常见的沟通错误有 3 种：错峰、错位、错题。这些都需要在修复阶段予以解决。

1. 跳崖和错峰

跳崖，就是在危机热度的高峰点，浪费之前积累的宝贵品牌资产去填埋危机的鸿沟。最常见的表达包括：

- 我们做了……好事。
- 我们一贯重视……安全（在……安全危机之后）。
- 我们是国货品牌。
- 我们的产品质量是行业领先的。
- 我们的服务一直得到客户的赞誉（在服务纠纷之后）。
- 我们确保旅客的安全抵达（在公共交通事故之后）。

这些表达是典型的火上浇油。鸿沟会因此继续加剧，变成深不见底的悬崖，把之前积累的品牌资产都扔进去，也填不满。危机亏空和声誉资产无法功过相抵。

错峰，就是错开危机的高峰，把想说的话、想表的功放在危机的修复阶段再讲。

2. 错位和归位

错位，就是角色的错置。企业在危机发生后，往往有"怎么偏偏轮到我"和"一定是有人想搞我们"的受害者和防卫者心态。这种心态会不自觉地流露在声明中、新闻稿中和视频的语言、神态、表情、姿势上。如下表达：

- "其实我们一直挺努力"。
- "你们为什么看不到我做的好事，偏偏要紧盯着我做错的事不放"。
- "其实我们也挺不容易"。

错位表达，是没有认清自己作为肇事者和加害者的角色，把一些片段事实、次要信息和内在困难强行加入危机沟通中，最终导致了公众的愤怒情绪和品牌声誉的损失。

在修复阶段，要归位，要认清和接受自己作为责任主体的角色，去审慎推敲组织危机修复沟通的言行。

3. 错题和审题

错题，就是选择错误地回应议题。审题不清，答案全错。

你以为是服务态度问题，其实是民族主义情绪问题；你以为是产品质量问题，其实是人员伤害和安全问题；你以为是价格问题，其实是阶层收入和预期不佳的社会背景问题；你以为是跨文化传播问题，其实是贸易壁垒和保护问题；你以为是职场问题，其实是性别不平等问题。

只有回答了利益相关者的核心问题，才算是正确的回答。

在修复阶段，就要回到原题，重新审题，就核心的议题和问题展开沟通。

如何纠正以上的错误表达

建议采取两种调整策略：

- 不妨直接公开说明和改正。我们表达的时机不对、审题错误，也没有认清自己的角色。现在，就在正确的时机，就正确的问题提供改正后的答案。
- 不理会旧有的错误故事。在修复沟通策略中，规划新议题的传播计划。

如何消除在线错误信息

在线声誉管理业务中的常见手段如下所示：

- 在搜索引擎上，把负面新闻沉降到品牌结果页的第3页。
- 派出法务团队要求博主删帖并公开道歉。
- 向微博、抖音、小红书等官方平台投诉举报博主。

以上做法在社交网络时代未必全部有效，有些看似涉及社交媒体声誉，其实背后有运营管理、组织文化或网络热点流转等多方面的诱因。

管理在线声誉没有办法为每种危机提供模板。每家公司、每次危机类型、每个危机的诱因和发起人、当下环境局势都不相同，一刀切的手段难以奏效，弄不好可能还会适得其反。

危机的发起人成功地把道歉变成了一场行为艺术，估计是品牌方始料未及的。对危机的响应不当，反而会放大危机的发酵指数和传播效果。

我推荐的做法如下：

1. 负面信息的自然沉降法

- 配合前文提到的"温和反弹"的业绩恢复策略，遵循既定的品牌战略传播节奏，让品牌叙事逐渐占据搜索引擎的前 3 页，让负面信息逐渐沉降。
- 注意不要本末倒置。本是回归品牌主线叙事，末是负面消息沉降。后者只是附带结果，不是核心驱动。

2. 错误信息的协商沟通法

对于负面的错误信息，拟定撤稿函、沟通撤稿或者修正。注意以下原则：

- 报道确有硬伤或事实性瑕疵。如果对方依托的是媒体报道或公司财报等公开数据，或者是确凿的、公司又不想披露的数据，需要再议。
- 秉持善意，同时先礼后兵。尊重媒体和自媒体，但是也不能吃闷亏。
- 区分流量驱动型报道、期待商业合作型报道和严肃的媒体报道，采取不同策略。
- 注意各平台属性导致的修订困难。比如微信公众号文章只能修改一次，每次 20 字。
- 区分原创/原发型报道和转发报道，对前者予以沟通，后者申请删除。

再次提醒，请注意沟通的是"错误信息"。如果事实清楚，证据确凿，那就不必去沟通删稿和修改了。

3. 发起人的关系管理法
- 将此次危机中参与报道、评论和转发的媒体、自媒体，以及它们的观点、态度和倾向统计出来。
- 将相关媒体列入利益相关者名单，纳入管理。
- 分类分层后，针对性地联系记者、自媒体账号，进行沟通。目的是建立长期联系，同时也将其作为后续提供最新消息的传播渠道。
- 邀请部分人员前往企业参观，参加恳谈会、产品或服务试用，让他们有机会更全面地了解企业情况。
- 鼓励但不强求他们将所见所闻发布出去，以此来获得新的报道机会并扭转声誉形象。

在我的职业生涯中，很多媒体朋友都是在一次次的危机沟通中认识的。

4. 信息长尾平台的综述法
- 从品牌叙事的视角参照前述报道重写新故事，将该危机重新改写成官方表达版本。
- 将该叙事版本上传到长尾沉淀平台（例如知乎），详述此事的完整过程，形成数字痕迹。
- 搜索全网关于此危机的信息，确定不同的处理方式，比如百度百科、微博、美团点评、知乎和小红书等。

如果公司还没有在线声誉管理系统，可以考虑建立。

行动清单 30：Offset：弥补认知鸿沟与价值观损失

有些危机虽然是组织代"认知"受过的，但不是冤枉的，因为公众认知大于企业行为。

比如公众质疑产品价格贵的议题。这里隐含的沟通问题是：企业依据自由定价权，所定出的价格高于公众认知怎么办？

在危机修复阶段，需要去说明、缩小认知差距。企业可以采取第三方角度解释这一认知落差，规划内容发布，促进对自由市场、定价机制、品牌附加价值等问题的探讨争论，拓展公众的认知边界。企业不必强求得到公众的认同，只需要将价格背书支撑纳入品牌沟通策略就可以了。

行动清单 31：Nerve：重振群体精神和团队士气

在危机中，公众和组织内部都遭遇了愤怒、压力、低落、焦虑等情绪性挑战。危机过后，大家都精疲力竭、士气低落。修复阶段要将员工的情绪曲线拉升起来，使之恢复到之前的精神面貌。

2001 年 9 月 11 日，纽约世贸中心被恐怖分子劫持的客机撞毁。美国通用电气公司受到危机的影响有：

- 通用电气公司拥有 1200 架飞机，喷气发动机业务也是通用电气公司未来业务的核心。
- 世贸中心是通用电气公司持有再保险保单所承保的地产。
- 正在播放事件进展的 NBC 电视台是通用电气公司所持有的。
- 通用电气公司的两名员工在"9·11"事件中失去生命。

时任 CEO 杰夫·伊梅尔特在前一天刚刚从杰克·韦尔奇手中接任该职位。杰夫随后取消了当天的所有行程，把全部精力投入到危机应对中。

对内，杰夫给所有员工写了一封表示慰问的电子邮件，这是历史上通用电气公司内部首次发送的全员电子邮件。在邮件中，他鼓励大家克服困难，振奋精神。

对外，通用电气公司在《纽约时报》等美国主要报纸上刊登整版广告。广告文案是：我们将卷起袖子，我们将一同前进，我们将共克时艰，我们将永不忘记。按照杰夫的描述，这幅广告得到了公众的广泛赞誉 ⊖：

一走进纽约证券交易所大厅，我们受到了热烈欢迎，我们都深受感动。我们看到，那篇广告贴在许多交易员的小隔间挡板上。

2012 年 7 月，新东方遭遇浑水公司的看空报告，指责新东方在财务、教学区、学生人数等方面造假。两天内，新东方股价从 20 多元下跌到 9 元，六成市值蒸发。

在危机的响应阶段和修复阶段，俞敏洪积极应对，他做了 4 件事提振利益相关者的信心与团队的士气 ⊖：

- 积极应诉，聘请外部审计机构，花费 2000 万美元"自证清白"。
- 邀请多位企业家增持 3 亿元市值的股票，稳住股价。
- 借贷 2000 万美元用于企业高管回购增持，稳定投资者

⊖ 伊梅尔特，华莱士. 如坐针毡：我与通用电气的风雨 16 年 [M]. 闫佳，译. 北京：机械工业出版社，2022.

⊖ 俞敏洪. 我曾走在崩溃的边缘：俞敏洪亲述新东方创业发展之路 [M]. 北京：中信出版集团股份有限公司，2019.

信心。

- 启动发放期权机制，给新东方所有骨干的期权股份数增加了一倍，并且连续发放三年，发放成本只有之前的二分之一。

行动清单 32：Goodwill：释放善意，减少敌意

在危机过程中，激发起来的公众情绪和公众态度十分复杂。班尼特提出减少公众敌意的 5 种方法[⊖]，我结合案例予以分析。

补偿或援助

为了降低和消除对利益相关者的损害，组织可以采取补偿或救助的行为。

2023 年 9 月，某餐饮品牌旗下子品牌被曝"羊肉含鸭肉"，品牌公开回应并赔付顾客。此次赔付共涉及 8000 多桌消费过该产品的顾客，每桌顾客可领取赔付金 1000 元，共计 800 多万元。

品牌线上线下开通赔付通道，全天直播，实时回复疑问，同时通过官方抖音账号实时更新赔付进度。

收到赔款的消费者纷纷在网上晒出得到赔偿的收款记录，肯定品牌负责任的态度。

最小化

减少和淡化自身的错误行为，使负面影响降到最低。

2019 年 3 月 16 日，南京市市场监督管理部门对某餐饮企业门店突击检查，发现 3 个问题：

⊖ 胡百精. 危机传播管理 [M]. 3 版. 北京：中国人民大学出版社，2014.

- 其清洗好的餐具仍有油污、食物残渣、灰尘等。
- 后厨配餐人员操作不规范。
- 前厅明厨亮灶的厨师没有按要求佩戴口罩。

在公众关心的 3 个问题中，企业对问题 1 承认错误；对于问题 2，部分承认错误，部分予以解释；对于问题 3，坦言符合国家规定。这就是将组织声誉损害最小化的处理方式。

区分

把组织自身错误和公众认知、社会环境的深层矛盾区分开。

上文提到的第 3 个问题：前厅明厨亮灶的厨师没有按要求佩戴口罩。品牌予以说明，这是符合法律规定的。㊀㊁

当然，这与公众认知是有差距的。对此予以说明后，公众就清楚了这一点，客观上减少了对该企业的责难。

宣战

把核心问题外部化，号召公众一起向错误宣战，赢得观众信任，塑造主动、开放的组织形象。

2019 年 3 月，某餐饮企业门店被媒体报道，餐具上有油污。在危机修复阶段，为了彻底解决餐具干净整洁的基本问题，公司启动了名为"最后看一眼"的行动，即洗碗间每天增加专

㊀ 根据国家市场监督管理总局 2018 年 10 月 1 日起施行的《餐饮服务食品安全操作规范》要求规定。专间的从业人员必须佩戴清洁的口罩；现榨果蔬汁加工制作人员，果蔬拼盘加工制作人员，植物性冷食类食品加工制作人员，对预包装食品进行拆封、装盘、调味等简单加工制作后即供应的人员，调制供消费者直接食用的调味料的人员及备餐人员均必须佩戴清洁的口罩。

㊁ 市场监管总局关于发布餐饮服务食品安全操作规范的公告 [EB/OL]. [2024-01-24].

人，要求洗碗的伙伴在洗碗结束后逐一进行检查，不合格的重新清洗消毒，以确保餐具清洁。从即日起，该企业全国所有门店的厨房和洗碗间保持向社会公众开放，欢迎随时到店参观和监督，让公众和媒体参与进来。危机发生后的一个月内，先后有9个城市的28家门店，接待了100多位参观后厨的媒体记者、监管人员、自媒体和消费者。

超越与跳脱

朝向美好未来，跳出悲惨境遇，打破肇事者和受害者的二元角色，不沉溺在危机阴影中。

2018年12月"孟晚舟事件"发生后，华为公司创始人任正非发表演讲、撰写文章、接受采访，以保持公众信任和稳定团队士气。2019年一年内，任正非发表演讲、撰写文章、接受媒体采访超过40次，开诚布公，消除利益相关者的疑虑。[一]

2021年9月25日，孟晚舟乘坐中国政府包机抵达深圳。孟晚舟在机场发表简短讲话，她表示："有五星红旗的地方就有信念的灯塔。如果信念有颜色，那一定是中国红。"随后，现场欢迎人群唱起《歌唱祖国》。

这是减少公众的敌意，鼓励利益相关者和公众朝向美好未来。

[一] 路江涌，相佩蓉. 危机过程管理：如何提升组织韧性？[J]. 外国经济与管理，2021, 43(3): 3-24.

| 第15章 |

R3：
组织危机学习：OKR 模型

认知清单 23：组织如何学习：阿吉里斯的双环学习模型和彼得·圣吉的学习型组织

组织如何学习：阿吉里斯的双环学习模型

阿吉里斯将组织学习分为单环学习和双环学习两种类型[一]（见图 15-1）。

单环学习侧重表面，只是反思行动是否需要改变，不会对问题可能牵扯到的各方面进行深度的反思和质疑。目前，绝大

[一] 阿吉里斯. 组织学习 [M]. 张莉，李萍，译. 北京：中国人民大学出版社，2004.

多数组织停留在这一层次。

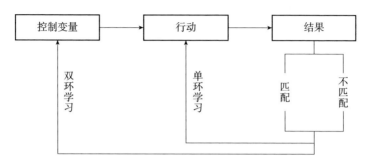

图 15-1　单环学习和双环学习

资料来源：刘澜 . 刘澜极简管理学：成就管理者的四大心智模式 [M]. 北京：机械工业出版社，2023: 25.

双环学习侧重深层次学习，关注引发行动的控制变量是否需要调整，比如行为规范和组织价值观的改变。极少数企业能达到这一层次。

举例来说，某上市公司的一位高管在朋友圈发布消息说公司业绩暴涨，该信息从私域扩展到公域。这引发了该公司股价的大幅上涨，从而被监管机构定义为信息披露不当，引起一场危机。

在危机复盘时，公司发布高管社交媒体管理办法，强调高管在对外发声时，要注意避免对公司业绩的讨论，这个过程属于单环学习。

危机发生后，如果公司在高管的选育用留上，注意高管胜任力模型的完善和领导力水平的提升，在公司内（尤其是核心高管层）倡导把核心注意力转移到长期主义和价值创造上去，而不是关注股价短期的波动，这就属于双环学习。

实践中，有不少企业连单环学习都没有，危机结束就不再关注，直到下一次危机的到来。为什么组织难以从危机中学习？因为存在各种学习障碍。

如何破除组织学习的障碍：彼得·圣吉的学习型组织

组织防卫是组织学习的障碍之一。

组织防卫是指组织受到威胁时的一种自我保护反应。一旦出现组织防卫，就会阻断对相应威胁的深层探讨，导致组织无法发现那些威胁产生的真正原因。

阿吉里斯认为，组织防卫来自个人防卫，比如在沟通时隐藏自己的真实想法，维护表面的平和并拒绝冲突，将错误和问题归咎于环境或他人等。这些个人的"防卫性推理"被带入组织后，就形成了组织防卫。

彼得·圣吉在《第五项修炼：学习型组织的艺术与实践》（简称《第五项修炼》）中进一步分析了组织学习的7种学习障碍：

- 只关心自己职位的本位主义，对系统关联的结果缺乏责任感。
- 问题是外部造成的，"对手在外部"。
- 表面主动积极，其实是被动反应。
- 关注短期事件。
- 对温水煮青蛙式的缓慢渐进改变失去觉察。
- 当试错法超出学习边界时，其价值就会失效。
- 管理团队躲避学习的倾向。

以上的7种学习障碍交织共存于危机的应对实践中。以产品质量危机为例：

- 产品质量问题（可能是供应商的品质控制，也可能是产品抽检的疏漏）。
- 顾客投诉（短期事件）。
- 媒体负面报道（问题是外部造成的）。
- 企业安排接下来的媒体删除负面稿件以及媒体付费年度合作（被动反应，不关心此举的长期负面效果）。
- 对于产品质量问题不予回应，也不准备整改（躲避学习；对产品质量下降这一"温水煮青蛙"式的溃烂，不予行动）。
- 将责任归咎于媒体、竞争对手从中作梗和供应商问题（本位主义，对系统性错误不承担应有的责任）。

如何处理这些障碍，危机的组织学习应该从哪里入手？
以下的行动清单，将重点阐释促进组织危机学习的方法。

行动清单 33：组织危机学习：OKR 模型

我将组织危机学习概括为三个步骤：障碍（Obstacle）破除、知识（Knowledge）创造和变革（Revise）实施，简称 OKR 模型。

2018 年 10 月，我所任职的企业——西贝莜面村卷入了"冷漠的西贝"这一舆论事件。一名顾客在门店上楼用餐时，西贝供货商拖拽的菜筐不慎从台阶上滑落，将该顾客铲倒，导致其胸椎骨折、腰椎受损变形，术期体内被嵌入了 6 枚钢钉。前期门店抓紧送医、垫付医药费，随后领导探望并承诺赔偿。当顾客提出 58 万元的赔偿时，律师回应，事故的主要责任方是供货商，需要走法律流程才能进行赔偿，建议顾客自行走法律程序。

随后顾客在网上发文，引发"冷漠的西贝"舆论事件。

本节将以该案例的危机学习过程为例,介绍组织危机学习的OKR模型。

障碍破除:为什么 99% 的公司都无法展开危机学习

1. 组织危机学习的障碍 ⊖

组织的危机学习除了要克服彼得·圣吉提到的 7 种障碍以外,还要克服危机学习所特有的一些障碍。正是这些障碍导致了大多数公司无法进入危机学习的阶段。

(1)组织的核心信念、价值观和假设的僵化。

组织成员习惯用过去既定的原则和信念来行动,所以无法启动崭新的程序,从而阻碍组织从危机中获取崭新的学习;或是只着重于当下问题的解决,而未察觉到事件的其他方面及背后的结构性问题。

比如本案例中,如果西贝认为这是供货商工作人员的责任,属于工作过失,需要由供货商来全权负责,内部来看无可厚非。但是这既违背了西贝与合作者共赢的品牌承诺,也违背了消费者对事故责任归属的本能判断。

(2)无效沟通和信息传递的困难。

当组织规模过于庞大,内部分工会致使组织成员只局限于自己工作内容的思考模式,产生职位主义。组织沟通和人际沟通中的干扰,例如距离、语言、文化、价值观等,也会对沟通产生障碍。

如果各部门只站在自己的角度思考,而没有全局观和大局观,就会出问题。比如本案例中的律师,本着实事求是的原则,

⊖ 本小节参考:吴宜蓁,曾英玲,林志青. 组织危机的学习类型、过程与障碍 [J]. 公共关系学报, 2015, 1(2): 50-65.

站在维护企业正当利益的角度去沟通，恪守职责，并无大碍。但是当站在公众和受害人的角度来看，这就让企业呈现出不想负责甚至抵赖的嫌疑形象。

组织成员有着不同的学历和成长背景，价值观和信仰也各有不同，基于很多事情的底层思考也不同。出现危机，有人认为这是对方想要肆意讹诈我们、敲诈我们；有人认为这可能是媒体在背后操纵；有人认为这是因为没有搞定媒体才让事情扩大的，着力点应该在搞定媒体上；有人认为我们该赔得赔，在舆论上置之不理就好，只管做，不需要澄清……

在危机协同中，确保信息如实呈现，需要实施核查、会议沟通、一线传递，过程中难免出现差错。如果掺杂观念差异，再加上"沟通的无奈"，组织学习就缺少了共同的基础。

（3）以管理者思维或公关专家知识为中心而排斥和抗拒外来的观点。

管理者会觉得自己大风大浪见多了，这点危机不算什么，过了这个坎就好了。反正公司没关门，经营也没受什么影响，就这样吧。

品牌公关团队的管理者会认为，即使出了事，也是各种内外部因素共同导致的，本来就不是我的专业有问题。找专家来，他有什么能耐？如果他坐在我这个位置上，也未必会比我处理得好，再说了，专家来了不显得我无能吗？

放不下自大和自我，也无法进入危机的组织学习。

我一直有个观点，品牌公关的负责人或企业高管都应该至少能扮演三个角色：教练、专业顾问和行业顾问。在我的职业生涯里，这三个角色一直都在。我自己也成长为一名认证的高管教练，品牌声誉专业顾问和餐饮业、连锁业行业顾问。说到"专家"，有句话说得好："专家就是不想学习任何新东西的人，因为如果那么做，他就不是专家了。"所以，保持学习，保持开放。

（4）把问题边缘化，有大事化小、小事化了的心态。

简单讲就是偷懒，不想花硬功夫，也不想花费时间去学习。反正事情已经过去了。

如果公司的中高层并没有参加危机学习，或者是在培训中根本没有听进去，也没有学透、学懂，那么在下一次遭遇危机事件时，还会依照原有的行为模式去操作，依然会出现同样类型的危机。

（5）怪罪环境不好，降低外界的威胁，否认事件的严重性。

归罪于环境、媒体或者竞争对手，不从自己身上找问题，是常见的思路。外部归因的思维模式，是阻碍学习的主要原因。

在咨询中，我最常遇到的发起人和诱因猜测就是竞争对手作祟。彷佛只要友商罢手，就能天下太平。其实，除了自然灾害和社会经济形势，危机主要是组织内部出了问题。而外部归因往往会使组织者失去深入探查内部问题的机会。

（6）企业缺乏社会责任意识。

简单地说，就是根本不想负责任，这次出了危机，只是倒霉，被媒体撞见了、放大了而已，以后出这样的事，还是不管、不负责。

如果抱着这种心态，根本不可能有危机学习的发生。如果企业只是开门做生意的经济公民，而不考虑社会公民的角色，就会失去社区、公众和消费者这三种利益相关者的青睐。这在环境污染和人员伤害类的危机中尤为明显。

企业是否具有社会公民的意识，是需要在危机学习中检视的。

（7）只会单环学习。

主要是因为这类危机事件本身的特性，任何的组织都无从下手去学习，这类危机对组织造成可能的影响都是新课题。谁都没遇到过，所以谁都不会。

组织的危机学习障碍，是组织学习作为整体性和结构性障碍的结果。如果一个组织无法成为学习型组织，就只会在单环学习上浅层次地实现"问题解决型"学习。

2. 促进危机学习的 6 个解决方法

（1）组织：培养学习型组织。

- 给予学习充足的时间和空间。比如在本案例中，创始人先后召开 4 次专项会议，其中包含全体中高层管理人员在外部培训基地召开一整天会议。还有我的一些咨询客户，在每次危机结束后，都会召集高管和危机管理团队人员，召开复盘会甚至工作坊。
- 调整组织架构。向赋能型、授权型、自我驱动型的方向做调整。
- 改变组织文化。鼓励坦诚、开放的组织氛围，鼓励大家畅所欲言，不讳言失败和错误。

（2）协同：跨部门和跨层级建立良好的网状沟通。

- 组织内部妥善沟通。从竖井型向指挥链为主的网状沟通结构转变。
- 将策略制定的过程和组织架构透明化。让所有人知道事情由谁负责，并且让所有人"看到"这一过程。
- 建立员工对组织的信任感。当然，不要期待必然的自下而上。如果在危机中始终将员工作为最重要的利益相关者进行沟通和管理，信任就会油然而生。

（3）观念：持续性学习。

- 错误观念：危机被认为是偶发的、独立的，同样的危机不会重复发生。
- 正确观念：危机是组织系统性"故障"的集中体现；每个危机背后都相互关联；同样的危机未经学习和改变，会提早发生。
- 组织应该坚持持续性学习，在危机结束后深入研讨整件事情的来龙去脉，并长期规划危机预防的机制。

（4）角色：作为社会公民，拥有社会责任感。

组织本身需要具备社会责任感，才能在危机中检讨和反省自己，并且以开放的心态去面对危机。

（5）类型：识别4种障碍，分别对症下药。

- 个人障碍：个人的信念、价值观、职位和角色带来的障碍。比如听话照做和主动行动，就是两种信念。
- 团队障碍：团队的关系、协同、沟通、冲突带来的障碍。比如空降的CEO和危机管理团队间的相互信任是否已经建立，比如跨部门的沟通是否通畅。
- 组织障碍：组织危机管理的结构性设计和系统运行带来的问题。比如业务单元或者区域危机管理的最高负责人，是业务负责人还是总部危机管理团队负责人，这涉及决策和责任的归属。两者各有利弊，也可能成为组织危机应对中的障碍。
- 社会性或行业性障碍：比如食品安全对于食品行业，网络安全对于云服务企业，交通安全和效率对于交通运输行业等。

（6）行动：按照以下思路，列出障碍清单和解决方案。

- 你所在的组织是否存在危机学习障碍，主要是哪些方面的障碍？你是如何识别出来的？
- 你可以采取哪些措施和手段破除这些障碍？哪些是你办不到的？
- 对于你破除不了的障碍，你准备争取什么样的资源？
- 你接下来的行动方案是什么？

识别和破除障碍之后，就要进入危机学习的核心：组织危机知识的生产。

知识创造：危机经验成为组织资产的 4 个步骤

危机的经验只有经过萃取提炼、传播扩散，才能由散乱的个人经验和团队心得，变成组织的共识和知识资产。

研究组织变革的教授乔治·胡贝尔（George P. Huber）提出过组织学习的架构与过程模式[⊖]，也适用于危机的学习历程。这个过程分为 4 个步骤。

1. 知识获取

- 从组织原有的知识、经验观念中去学习。比如强调西贝原本就倡导的"爱"的价值观。
- 从本次危机事件处理的直接经验中去学习。比如所有参与案例危机处理者的集体反思、修改门店处理顾客伤害

⊖ HUBER G P. Organizational learning: the contributing processes and the literatures[J]. Organization science, 1991, 2(1) : 88-115.

类的危机处理标准作业程序。
- 向标杆学习。从其他遭遇类似案例的组织应对中学习策略、管理方式和技术。比如，换作以服务获得赞誉的迪士尼或丽思卡尔顿，会怎么做？
- 向组织的新成员学习。招聘新的团队成员，利用他们将知识转移到组织中。比如招聘更具有专业度和人性关怀的律师。
- 向外部获取信息学习。比如邀请危机管理咨询顾问，进行复盘培训。

2. 信息生产和扩散

组织学习之所以能够发生，是组织内的各部门把相关的信息汇总拼凑，把零散的信息转化成对组织有利的信息，然后再分享扩散到其他部门，成为组织共同的认知。

对于同样事件，不同部门基于各自专业角度都会有相应的专业信息。比如法务部门有法律法规的相关规定，财务部门能够计算出危机给组织带来的最大的成本和代价是多少，人力资源部门会评估这类事件对雇主品牌的影响可能是什么，一线的营运部门会提出一线的营运团队过往与顾客接触的实际经验是什么。

危机学习的主要责任部门，也就是危机管理团队，要把这些信息组合成案例信息，编写成内部培训课程与讲义，在组织内进行培训。

在我过往的团队中，还会根据这些案例来进行不预先告知的真实危机演练。比如假扮成媒体或自媒体人，对门店进行采访，看一看一线人员的应变能力和水平如何。从这种反馈中，再去调整标准作业程序。

3. 信息解释

信息解释是赋予信息和案例意义的过程。同时，危机管理团队也是培训团队和解释团队。针对危机事件的关键细节，危机团队都要负责培训到位，解释清楚。

比如出台《西贝门店顾客"意外"伤害事件处理流程》，危机团队就要负责在每一次的店长训练营和营运团队培训中加入流程的解释说明、案例操作指引，并且附上咨询电话。

比如在每个季度管理会议中，我们都会专门安排对"意外"事件的统计和行业危机案例的分享。

4. 组织记忆

如果学习的成果没有办法留存在组织记忆中，效果有限，那么案例事件可以以如下的方式留存在组织记忆中：

- 门店顾客伤害类危机处理标准作业程序的下发和实施。
- 特定类别的危机事件响应和处理方式，成为员工培训的固定案例。
- 决策团队的集体记忆、某事件的整天讨论会、相关高管的检讨和接受批评。
- 写入组织的流程、制度、规范，重新描绘企业愿景、使命和价值观的蓝图。

变革实施

西蒙和波尚（2000）提出组织危机学习的3个层次：行为、典范和系统。

行为层次包括以下4个方面：

- 侧重改变过往导致危机发生的行为。

- 在原有方法上进行调整或增强。
- 偏重于组织产生较好的危机策略、技术以及危机的控制和应对方法。
- 无法内化成个人或团体的心智。

典范层次包括以下3个方面：

- 把危机的成因转向个人的心智变化。
- 从更多元的维度探讨危机的发生。
- 促使学习从旧有模式转向新模式。

系统层次包括以下3个方面：

- 对原来的危机处理逻辑、决策系统和组织架构进行探讨和变革。
- 了解复杂问题的系统本质。
- 关注危机不同议题和利益相关人，以及这两者之间的相互关系。

那么，组织如何在危机后展开双环学习，推动内部改变呢？本案例的危机后学习，就分别涉及这3个层次。

1. 行为层次

- 增加门店店长紧急事件中的备用金金额，调整动用流程，在电话告知子公司总经理后，门店店长就可以开始使用。确保"意外"事件发生后，第一时间能够优先救治顾客。
- 出现顾客伤害类事件，要第一时间从快、从重处理，不能出现延误和耽搁。

- 处理好该事件相关的所有后续事宜，满足受害人一切合理的要求。

2. 典范层次

- 公关和业务团队负责人，也就是我和子公司总经理，要反思在处理这件事的过程中，个人的领导力出了什么问题？我们应该如何提高？
- 确定未来的顾客伤害类事件，由公司高管直接出面沟通处理，律师只做陪同和最后出面。
- 与所有供应商确定类似事件的处理流程。在出现问题时，双方各自承担多少责任，写入相应的合作备忘录中。
- 未来与媒体的沟通一律由公关团队负责，其他人员未经允许不得接受媒体的采访。
- 出台《西贝门店顾客"意外"伤害事件处理流程》。

3. 系统层次

- 把"从心出发，爱顾客"写入公司发展蓝图（见图15-2）。从公司蓝图出发，重新思考"意外"事件处理的底层逻辑。
- 重拾人文关怀，是组织增进共识和系统调整的方向。

在复盘的最后，西贝创始人贾国龙对危机学习进行总结：

针对这个事件，我把其他会议推掉，两天开了5次会议。虽然后来我们给了顾客比较满意的解决方案，但我们还要开复盘会，只有"善"是不够的，还要在抑恶扬善方面建立制度。为善去恶是格物，从这个维度上讲，管理只要激发人的善就够了。

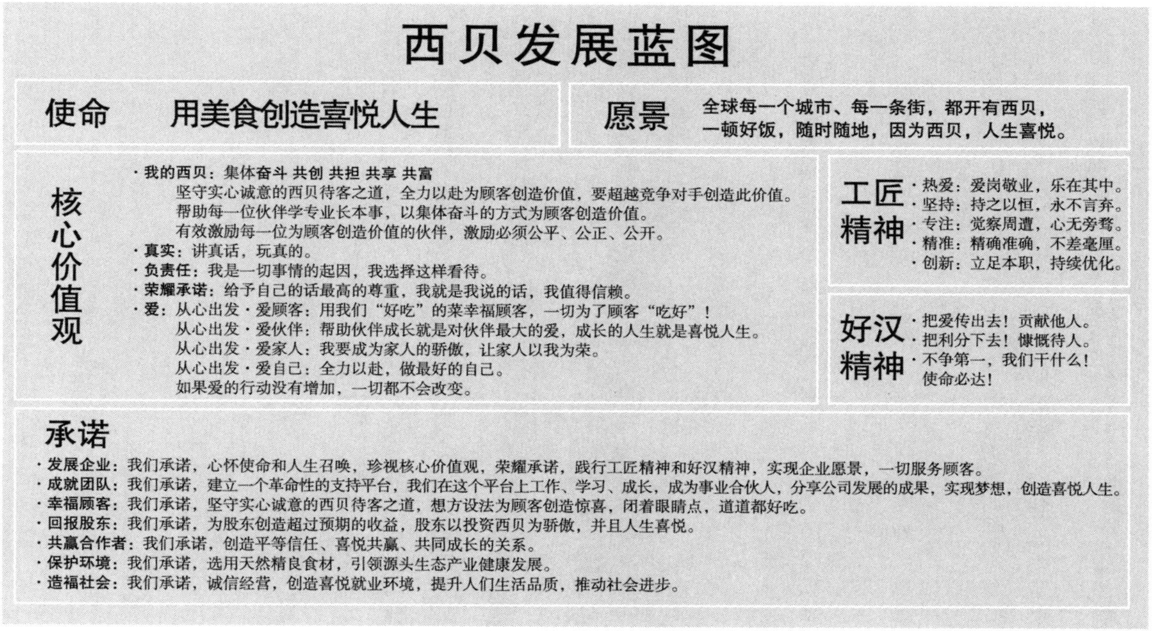

西贝发展蓝图

使命	用美食创造喜悦人生
愿景	全球每一个城市、每一条街、都开有西贝，一顿好饭，因为西贝，人生喜悦。

核心价值观

- 我的西贝：集体奋斗 共创 共担 共享 共富
  坚守实心诚意的西贝待客之道，全力以赴为顾客创造价值，要相随竞争对手创造价值。以集体奋斗的方式为顾客创造价值，激励必须公平、公开。
  有效激励每一位伙伴学会长本事，以集体奋斗的方式为顾客创造价值的伙伴，激励必须公平、公正、公开。
- 真实：讲真话、玩真的。
- 负责任：我是一切事情的起因，我选择我喜爱什么样的
- 荣耀顾客：给予自己的话最高的尊重，一切为了顾客"吃好"！
- 爱：从心出发——爱顾客："吃好"，的客幸福是我喜悦人生。
  从心出发——爱伙伴：帮助伙伴成长就是我对伙伴最大的爱，成长的人生就是喜悦人生。
  从心出发——爱家人：我要成为家人的骄傲，让家人以我为荣。
  从心出发——爱自己：全力以赴，做最好的自己。
  如果爱的行动没有增加，一切都不会改变。

工匠精神：爱岗敬业、乐在其中。坚韧：持之以恒，永不言弃。专注：洞察周遭，心无旁骛。精准：精确准确，不差毫厘。创新：立足本职，持续优化。

好汉精神：把爱传出去！贡献他人。把利分下去！慷慨待人。成长第一，我们干什么！使命必达！

承诺

- 发展企业：我们承诺，心怀使命和人生召唤，珍视核心价值观，荣耀承诺，践行工匠精神和好汉精神，实现企业愿景，一切服务顾客
- 成就团队：我们承诺，建立一个革命性的人才支持平台，我们活法这个台上主工、学习、成长。成为事业合伙人、分享公司发展的成果、创造喜悦人生。
- 幸福顾客：我们承诺，坚守实心诚意的西贝待客之道，想方设法为顾客创造惊喜，闭着眼睛点，道道都好吃。
- 回报股东：我们承诺，为股东创造超过预期的收益，股东以投资西贝为骄傲，我们同成长的关系。
- 共赢合作者：我们承诺，创造平等共赢、喜悦共赢的关系。
- 保护环境：我们承诺，选用天然精良食材，引领源头生态产业健康发展。
- 造福社会：我们承诺，诚信经营，创造喜悦就业环境，提升人们生活品质，推动社会进步。

图 15-2　西贝发展蓝图

资料来源："西贝品味早读"微信公众号。

危机学习的目的是建立制度，抑恶扬善。

◎ 本章要点

1. 今天的危机学习，是为了明天不会爆发同样的危机。
2. 所有的危机在结束后都需要复盘，避免系统性危机的再度爆发。
3. 复盘经验要周知所有相关人员，更要转化成组织改进和优化的行动和标准。
4. 报告错误不应该受到批评，而应该得到表扬和嘉许，否则组织就会失去持续改善的良机。
5. 危机的组织学习有两种：单环学习和双环学习。双环学习是深层次和彻底的学习。
6. 每个组织都具有不同程度的组织防卫，这是危机学习的主要障碍。破除组织防卫的方式是建立学习型组织。
7. 组织危机学习可以分为行为、典范和系统三个层次。
8. 危机学习有 7 种障碍。
9. 组织危机学习的 OKR 模型为：障碍破除、知识创造和变革实施。

危机管理评估

04
PART 4
第四部分

| 第16章 |

为什么组织危机不断

认知清单 24：评估能力

评估危机管理能力：测量珠穆朗玛峰有多高

　　1800 年，大英帝国对印度半岛进行了一次测量，最开始采用的是三角测量技术。有了三角、链条、金属杆、纪念碑、经纬仪，再加上恒星观测报告，人们就可以大致测量出几乎任何东西的距离和坐标。

　　1843 年，测量到达喜马拉雅山脉。所有人都知道该地区的山是世界上最高的，但并不知道具体高度。测量和计算持续了 13 年。1856 年，该团队宣布他们发现了世界最高峰，命名为珠穆朗玛峰。测量方法是将多个相邻峰顶上的测量站测到的数据进行比较。

到1954年，已有的不同测量数据之间相差了5.18米。但是从那以后，测量师开始使用全球定位系统（GPS），测量数据的差异有了较大幅度的下降。[⊖]

测量精度的提高还让人们发现两个新的事实：

第一，山的高度每年都略有变化。这是因为两股力量的相互作用。一方面，亚欧板块和印度板块会导致每年1厘米的隆起变动。另一方面，侵蚀和冰川融化会导致山峰高度降低。虽然目前还不清楚每年珠穆朗玛峰的高度会改变多少，但是现在确信，它的高度从来都不是一成不变的。

第二，珠穆朗玛峰以每年约6厘米的速度横向移动，所以它的位置也在逐渐改变。

组织的危机管理能力到底如何，要依靠评估和测量来确定。脱离评估管理，就没有实现最后的落地优化。

评估的目标是为了确定基线，确定基线是为了提升。提升组织的危机管理能力，形成全员的危机意识和提高行动协同力，是本书的最终落点。

组织是动态变化的，团队分分合合，如何脱离能人和英雄模式，对组织在变动中的能力进行测量，需要确定基线。

追踪危机管理能力的变动基准线：鱼群物种逐渐灭绝之谜

如果组织沉静应对过一两次危机，会造成一种能力错觉。不能把组织的能力寄望于少数几个人的能力，而是要把它变成一种组织的整体能力，这需要不断地确定组织危机管理的变动

⊖ 阿贝斯曼. 失实：为什么我们所知道的一切，有一半可能都将是错的[M]. 赵晖，译. 北京：中信出版社，2013.

基准线。

变动基准线是丹尼尔·保利在研究世界鱼群数量变化时创建的。当欧洲人刚开始在纽芬兰岛和科德角湾捕鱼时，鱼多得令人难以置信，以至于船员几乎无法划船前行。但是，人类捕鱼史尚不足 200 年，许多物种都灭绝了。

保利对此描述如下：

每一代渔业科学家都把职业生涯刚开始时的鱼群规模和物种构成作为基准，并以此来评估之后的变化。当下一代人开始其职业生涯时，鱼群的规模进一步缩小，但是这时鱼群的规模又被当成了新的基准。结果就是鱼群的密度下降，自然资源中的物种渐渐消失，导致基准线逐渐改变。

每当组织迎来新的开始，比如管理层调整、业务布局转向、战略方向调整、品牌和公关团队人员更迭，危机管理能力的基准线就会变化。你以为的能力和水平逐渐发生微妙的变化，而你还停留在之前的能力印象中，在危机来临时，这一切就会像鱼群跃出水面，被渔民捕获。

所以，对每一次危机管理效果的评估是组织必须开展的一项工作，其意义在于：保持持续的评估，维持组织的警觉性；保持关注危机管理能力的变动基准线，以维持对组织危机管理效能的觉察和行动。

效果评估承担着对其他环节进行评价、反馈和指导的任务。效果评估是一个学习过程，可以增强组织新一轮能力发展计划的科学性和可行性。效果评估还可以鼓舞士气、振奋精神，革新和提升组织文化。

既然危机管理评估如此重要，那么要评估哪些内容？哪些是重点？从哪些角度做出评估最有价值？

我列出以下行动清单，留待每次评估使用。

行动清单 34：评估利益相关者 ⊖

利益相关者在认知、态度和行为方面的变化，是危机管理效果评估的一项核心内容。无论危机管理过程如何"看起来很美"，如果未能与利益相关者重建事实和价值契约，那么都谈不上成功。正如本书多次提到的那样，组织切忌在危机中"摆平"了事件，却失去了人心。

（1）利益相关者对危机的了解程度如何？是否充分接触到了组织发布的信息？他们是通过什么渠道获取信息的？

_____
_____
_____
_____

（2）利益相关者收到组织的信息后，认知和态度是否发生了变化？这种变化是有利的吗？动因是什么？你是如何知道的？

_____
_____
_____
_____

（3）在危机中，利益相关者更愿意接受谁发布的事实信息？更愿意相信谁发布的意见信息？

_____
_____

⊖ 本清单及以下参考：胡百精. 危机传播管理 [M]. 3 版. 北京：中国人民大学出版社，2014: 192-196.

（4）专业意见领袖、公共意见领袖和"草根"意见领袖在利益相关群体中发挥了怎样的作用？

（5）利益相关者在危机不同阶段都采取了哪些行为？行为的改变是组织进行引导和控制的结果，还是任其发展自由放任的结果？哪些引导和干预是有效的，哪些是无效的？

（6）利益相关者如何看待自己在危机中遭受的损失？对组织做出的说明、抚慰和补偿满意吗？

（7）在事态平息后，利益相关者如何评价组织的这场危机？他们是否还存在心理上的障碍和阴影？如何消除？

（8）在经历危机的洗礼后，利益相关者的规模有变化吗？加大了还是减小了？利益相关者的结构有变化吗？哪些人走了？哪些人路转粉^㊀了？

_____

_____

_____

（9）组织最重要的利益相关者——员工，是否得到了妥善的对待？内部的沟通及时且有效吗？遭受危机波及的员工，他们的工作、生活是否有效恢复？员工对组织的危机管理过程是否满意？不满的部分是哪些？未来如何改进？危机平复后，组织的雇员满意度、离职率和推荐率有变化吗？

_____

_____

_____

行动清单 35：评估危机管理过程

管理过程评估是对危机管理效果的动态考察，即从危机响应、修复到战备规划的全过程评估。全过程要关注重要问题和关键环节，它们包括诱因、发起人、类型分析、预警系统、挑战者、起因事件等。

（1）危机是如何产生的？对危机定性和发起人的分析、判断和决策是正确的吗？这类危机的诱因是什么？通过这次危机管理，未来可以规避同类危机再度发生吗？

㊀ 网络流行语，是指从"路人"转变为"粉丝"的过程。

（2）危机预警是敏感、及时、准确的吗？预警系统是否在危机的变化中成为情报系统和信息系统，在危机管理的全过程都发挥了作用吗？内部预警和外部预警的效果如何？基于预警的危机预判和决策是科学的吗？如何改进和完善危机预警机制？

（3）危机决策被证明是有效的吗？不合理之处主要表现在哪些方面？哪些是重大失误？为什么？如何优化危机决策机制？

（4）通过危机管理计划的实施与调整，计划确定的原则是否得到了有力贯彻？最大的难题是如何克服的？还有哪些缺憾？在面对计划外危机时，调整了哪些计划内容？调整的效果明显吗？

（5）恢复管理的目标和任务是清晰的吗？程序和步骤是合理的吗？有没有被忽略的利益相关者、问题和环节？

_____

_____

_____

（6）在危机管理过程中，存在哪些明显的或潜在的重大管理漏洞？这些漏洞是如何产生的？当时是否觉察到？是否曾试图做出补救？失败的原因是什么？

_____

_____

_____

（7）危机中的资源调配是否合适？是否有需要完善和补充的部分？危机管理中人、财、物的管理、审批和使用是否合理？有没有浪费？有没有过度冗余？

_____

_____

_____

行动清单 36：评估危机管理团队

管理主体评估，即组织对自身的评价，特别是对危机管理团队的评价。这一评价既指向管理团队本身，也指向其行为结果，因此角色评估和绩效考核是相结合的，主要评估内容有以下几个方面。

（1）指挥者、决策者、管理者、执行者都尽最大可能履行了自己的职责吗？他们的权力是否曾被滥用？

_____
_____
_____
_____

（2）组织的发言人是胜任的吗？组织的领导者在"角色—功能""情感—道德""文化—信念"等层面是否拥有良好的言行举止和形象？

_____
_____
_____
_____

（3）不同岗位、分工的集体和个体之间，是否实现了整合联动？不协调、不同步的现象存在吗？原因是什么？今后如何规避？

_____
_____
_____
_____

（4）决策团队和执行团队如何履职？有无重大决策和执行失误？首席危机官是否胜任？是否出现隐患和纰漏？执行团队是否出现过程和细节问题？

_____
_____
_____
_____

（5）危机管理团队在压力管理、情绪管理、领导力方面是否胜任？做得好的是哪些部分，欠缺的是哪些部分？如何提升欠缺部分？

_____
_____
_____
_____

（6）组织内部是否实现了协同联动？哪些部门协同较好，哪些部门出现了问题？为什么？如何调整和改善不协调的部分？是否需要修改协同机制中的标准化流程？

_____
_____
_____
_____

（7）哪些人应该得到奖励和职位提升？哪些人因为失职和不作为应该受到批评和处罚？哪些人应该得到鼓励和安慰？

_____
_____
_____
_____

（8）外部的顾问和第三方公司是否发挥了应有的作用？如果没有发挥作用，为什么？如何予以改善？是专家不胜任的问题，还是组织运行机制限制的问题？

_____
_____
_____
_____

行动清单 37：评估危机损益得失

损益评估是危机管理效果评估的核心部分，它包括危机造成的损害和可能带来哪些机会、效益两方面的内容，具体表现在以下几个方面。

（1）危机造成多少人伤亡？有多少人不幸身亡？有多少人伤残？伤残程度如何？

_____
_____
_____

（2）危机给组织带来多少财产损失？主要是哪些环节造成的？直接损失了多少资产？危机的持续效应对未来还会造成多大损失？

_____
_____
_____

（3）为了化解危机，组织投入了多少成本？人力成本、现金成本和物资成本各是多少？计划成本占总成本的比例是多少？危机管理措施介入后，避免了多少损失？

_____
_____
_____

（4）危机给利益相关者带来多少财产损失？主要是哪些环节造成的？如果当时采取有效措施，能够避免或减少他们的损失吗？如果能做到这一点，那么什么措施是有效的？采取措施的条件和代价是什么？

_____

_____

_____

（5）危机给组织的形象、声誉和品牌等无形资产带来了多大损害？危机之后，品牌形象的知名度、信任度、忠诚度如何？

_____

_____

行动清单 38：评估危机管理效果

危机管理最终效果如何，需要依据评估内容确定，不同的内容决定了不同的标准。

（1）危机沟通中的大众传播指标：组织通过媒体、自媒体发布信息的传播效果，比如信息到达率、受众的态度倾向和行动模式等，分别如何？

_____

_____

_____

（2）危机沟通中的组织、群体和人际传播指标：组织在危机中非大众传播的效果，比如内部文件、说明会议、座谈会、动员演讲、在线会议、网络直播等，效果如何？

（3）危机结束后的形象指标：考察危机结束后利益相关者对组织形象的认知和评价，比如认知度、美誉度、信任度、忠诚度等，以及不同类型的利益相关者对组织形象的认知和评价。

（4）危机传播中的议题数量与框架指标：组织主动发布、被迫回应了哪些议题？包括哪些具体内容？框架是否合理？发布节奏是否得当？谣言等危机噪声是否得到了有效控制？

（5）危机故事的效果指标：危机故事是否成为该事件的主流叙事和公众叙事？故事中的哪些元素有效，哪些无效？还有哪些值得关注的叙事模式？这是谁发布的，效果好在哪里？

| 后记 |

这是一本写了五年的书。

2018年夏,我的十年梦想中有一条:写一本危机公关的实战书,创建一家品牌声誉咨询公司。随后,我签订了出版合同,开始构思。未曾想疫情来袭,我也遭遇了职业生涯暂停和热搜级网络暴力等诸多危机。随后,换工作、换城市。直到2023年初,才重拾写作。

写作的挑战是落笔成文,在这个过程中我深感自己才疏学浅、词不达意。作者已死,读者方生。写作是表达,更是沟通、分享和能量传递。我这些未必完美的经验和心得,也许正是你们需要的。我把淬炼得来的能量,连带着知识、经验和技能,分享给你们,因为你们是真正赋予文字生命的人。

写作的挑战是看到流泻而出的糟糕内容。我沮丧入睡,第二天又把糟糕打磨得差强人意。第三天,我继续修订。每一天都是体力和心力的淬炼。

写作的挑战是"杀"出一条血路。我的文字,如同斑斑点点的血迹,在时间的磨砺下凝结成滴滴心血,见证着我写作之路的不懈追求，这是幸存者的纪念，甚至是荣耀。我将这荣耀归于创作的陪伴者。

写作的挑战，是不得不把自我先交出来，然后在激荡和共创中不断放下自我，意识到理念与真实危机情境之间的差距，意识到复杂动力场中的隐性变量，意识到自己过往的一些理念和实践的不切实际。

写作的挑战，是缩小差距、打破窠臼，从自我出发，提出超越自我的问题，思考理论的迭代更新，主动删除现有的看法和预设。从斩钉截铁地走进灰度地带，到一点点看清议题类型、一层层拆解事实真相、一步步梳理社会情绪和公众意愿。

写作的挑战是无反馈下的闭门创作。所以我尝试社会化写作、在线写作和订阅制模式，每写完一部分就发布在"小报童"平台。先后有40位创始读者订阅和反馈，感谢他们的信任和支持。

感谢职场生涯中的上司和同事们，我们共同"写作"了这本书。

感谢机械工业出版社的编辑们，他们的不离不弃和耐心缜密让本书得以问世。

感谢我的太太，总是兴致勃勃地听我分享灵光乍现时的喋喋不休，戳破我自以为是的陶醉，坚定而克制地全然支持我。感谢女儿和家人们的支持。

感谢咨询和培训客户对我的信任，以及提供给我的实战案例。陪伴更多的品牌安然度过至暗时刻，是我创立的品牌声誉咨询公司——友声誉®的品牌愿景。

有任何建议，欢迎联系我（邮箱：chuxueyou@youshengyu.com）。我们下本书见。

参考文献

[1] 胡百精. 危机传播管理 [M]. 3版. 北京：中国人民大学出版社，2014.

[2] 加西亚. 从危到机：危机中的决策之痛与领导之术 [M]. 董关鹏，鲁心茵，译. 北京：人民邮电出版社，2020.

[3] 雷吉斯特，拉尔金. 风险问题与危机管理 [M]. 谢新洲，王宇，鲁秋莲，译. 北京：北京大学出版社，2005.

[4] 渥克. 灰犀牛：如何应对大概率危机 [M]. 王丽云，译. 北京：中信出版集团，2017.

[5] 鲍勇剑. 危机不慌：在混沌中探索商业新优势 [M]. 杭州：浙江大学出版社，2014.

[6] 黄雯. 危机管理心理学手册 [M]. 北京：中国法制出版社，2020.

[7] 弗里茨. 最小阻力之路 [M]. 陈荣彬，译. 北京：华夏出版社，2021.

[8] 沙因. 企业文化生存与变革指南：变革时代的企业文化之道 [M]. 马红宇，唐汉瑛，等译. 杭州：浙江人民出版社，2017.

[9] 哈蒙德，基尼，雷法. 决策的艺术 [M]. 王正林，译. 北京：机械工业出版社，2016.

[10] 科姆洛斯，本杰明. 有效决策：解决复杂性问题的 10 步工作法 [M]. 李静，译. 北京：中信出版集团，2020.

[11] 巴达拉克. 灰度决策：如何处理复杂、棘手、高风险的难题 [M]. 唐伟，张鑫，译. 北京：机械工业出版社，2018.

[12] 莱克. 丰田模式：精益制造的 14 项管理原则 [M]. 李芳龄，译. 北京：机械工业出版社，2016.

[13] 库珀，奥米拉. 危机公关：为什么一句道歉价值 50 亿美元 [M]. 张媛媛，译. 哈尔滨：哈尔滨出版社，2021.

[14] 俞敏洪. 我曾走在崩溃的边缘：俞敏洪亲述新东方创业发展之路 [M]. 北京：中信出版集团，2019.

[15] 艾格，洛弗尔. 一生的旅程：迪士尼 CEO 自述如何请比我优秀的人为我工作 [M]. 靳婷婷，译. 上海：文汇出版社，2020.

[16] 伊梅尔特，华莱士. 如坐针毡：我与通用电气的风雨 16 年 [M]. 闾佳，译. 北京：机械工业出版社，2022.

[17] 聂辉华. 一切皆契约：真实世界中的博弈与决策 [M]. 上海：上海三联书店，2021.

[18] BERNSTEIN, J. Manager's guide to crisis management [M].New York : McGraw Hill, 2011.

[19] AGNES M. Crisis ready : building an invincible brand in an uncertain world[M]. Herndon : Mascot Books, 2018.

[20] HAGGERTY J F. Chief crisis officer : structure and leadership for effective communications response[M].Chicago : American Bar Association, 2019.

[21] LUKASZEWSKI J E,NOAKES-FRY K. Lukaszewskion crisis communication : what your CEO needs to know about reputation risk and crisis management [M]. New York : Rothstein Associates Inc., 2013.

杰弗里·摩尔管理系列

畅销30年，全球销量超100万册

ISBN	书名	作者
978-7-111-71084-4	跨越鸿沟：颠覆性产品营销指南（原书第3版）	杰弗里·摩尔 著
978-7-111-68589-0	龙卷风暴	杰弗里·摩尔 著
978-7-111-69518-9	猩猩游戏：高科技潜力股投资指南	杰弗里·摩尔 保罗·约翰逊 汤姆·基波拉 著
978-7-111-65849-8	断层地带：如何打造业务护城河	杰弗里·摩尔 著
978-7-111-46706-9	公司进化论：伟大的企业如何持续创新（珍藏版）	杰弗里·摩尔 著
978-7-111-72546-6	换轨策略：持续增长的新五力分析	杰弗里·摩尔 著
978-7-111-65084-3	梯次增长：颠覆性创新时代的商业作战手册	杰弗里·摩尔 著